Force Mentale et Maîtrise de la Discipline

Renforcez votre Confiance en vous pour Débloquer votre Courage et votre Résilience !

(Comprend un Manuel Pratique en 10 Étapes et 15 Puissants Exercices)

MASTER.TODAY

Roger Reed

Introduction

Qu'est-ce qui distingue les personnes qui réussissent le mieux des autres ? La capacité à travailler dur est, bien sûr, importante. De même que le fait d'avoir une vision claire de ce que l'on cherche à atteindre. Mais il existe une autre caractéristique, moins évidente, que pratiquement toutes les personnes qui réussissent dans n'importe quel domaine ont en commun : la force mentale.

Peu importe que vous soyez un entrepreneur ou un athlète, un enseignant ou un étudiant Le succès ne vient pas facilement - pour l'atteindre dans n'importe quel domaine, vous devez surmonter des obstacles et faire face aux problèmes. La ténacité mentale, c'est la façon dont vous réagissez à l'adversité, et c'est le facteur le plus important pour déterminer si vous allez finalement réussir ou échouer.

La force mentale est un super pouvoir

"Notre plus grande faiblesse réside dans le fait d'abandonner. Le moyen le plus sûr de réussir est toujours d'essayer une fois de plus."

-   Thomas Edison

Les films, la télévision et les bandes dessinées sont remplis de super-héros, des personnes qui ont des superpouvoirs que la plupart des gens n'ont pas. Malheureusement, vous ne pouvez pas apprendre à devenir un super-héros. Mais vous pouvez apprendre un superpouvoir qui vous donnera un avantage sur la plupart des gens : la résistance mentale.

Il existe de nombreux noms pour désigner ce pouvoir, notamment la résilience, la ténacité, le cran, la détermination ou la discipline. Le nom que vous lui donnez n'a pas d'importance. Ce dont nous parlons ici, c'est d'un état d'esprit qui vous permet de voir où vous voulez aller et de surmonter les obstacles qui se dressent entre vous et cet objectif. Ce ne sera pas facile et cela prendra du temps, mais si vous suivez les conseils de ce livre, vous apprendrez à changer votre vie.

La force mentale n'est pas un don inné. Des études montrent qu'elle s'apprend[1] et qu'elle constitue la différence la plus importante entre le succès et l'échec. La citation du début de cette section provient de Thomas Edison, l'un des inventeurs les plus prolifiques et les plus prospères que le monde ait jamais connus. Les inventions d'Edison sont à l'origine de progrès tels que l'énergie électrique, l'enregistrement sonore et même le cinéma. Sans les inventions de Thomas Edison, le monde serait bien différent.

Mais Edison n'était pas un génie qui avait des moments d'inspiration "Eurêka" qui ont conduit à ces nouvelles idées. Au contraire, il travaillait méthodiquement, testant de nombreuses idées et acceptant que la plupart de ces idées ne deviennent pas des inventions réussies. Il a affirmé un jour que chaque invention réussie n'avait été réalisée qu'après avoir testé 10 000 idées. Edison avait la force mentale de persévérer face à l'adversité, sachant que

---

[1] *S'adapter au stress : Comprendre la neurobiologie de la résilience*, Carlos Osorio, *Médecine comportementale*, avril 2016, King's College, Londres.

s'il continuait, il finirait par trouver le succès. Cette persévérance a changé le monde et fait d'Edison un multimillionnaire. Vous aussi, vous pouvez apprendre à penser comme Thomas Edison.

Ce livre traite de la prise d'action, pas seulement de la réflexion.

La réflexion préalable constitue le fondement essentiel de tout ce que nous faisons, et la planification est un élément important de toute action efficace. Il est trop facile de s'embourber dans la réflexion et la planification au point de ne jamais passer à l'action. C'est pourquoi, même si ce livre explique brièvement les théories qui sous-tendent la force mentale, il se concentre sur les choses que vous pouvez réellement faire pour changer votre vie.

C'est une pensée effrayante. Après tout, le seul moyen sûr d'éviter l'échec est de ne jamais rien faire. Si vous n'essayez pas, vous ne pouvez pas échouer. Mais si vous n'essayez pas, vous ne pouvez pas non plus réussir. Ce livre vous explique comment acquérir l'état d'esprit et les habitudes qui vous donneront la force mentale. Cela vous aidera à réaliser ce que vous avez entrepris, mais la ténacité mentale ne signifie pas que vous n'échouerez jamais. Au contraire, vous apprendrez à gérer les échecs de manière constructive et positive et à les utiliser comme une étape sur le chemin de la réussite à long terme.

Comment utiliser ce livre

À la fin de ce livre, vous trouverez des exercices qui sont référencés dans le texte. Si vous êtes comme la plupart des gens qui lisent des livres comme celui-ci, vous serez probablement tenté de les ignorer.

Ne le faites pas.

Ces exercices font partie de la construction des habitudes et de l'état d'esprit dont vous avez besoin pour développer la force mentale. La plupart de ces exercices ne prennent pas beaucoup de temps à réaliser et ils vous aideront à passer de la réflexion sur cette approche à l'application effective de la force mentale dans votre vie. N'oubliez pas que ce livre ne vise pas seulement à changer votre façon de penser, mais aussi à changer ce que vous faites. Les exercices sont un élément important de cette approche.

Êtes-vous prêt à réussir ?

Comment savoir si vous devez développer votre force mentale ? Eh bien, c'est assez simple. Êtes-vous satisfait de votre vie et, en particulier, êtes-vous satisfait des progrès que vous faites pour atteindre des objectifs de vie définis ? La force mentale n'est pas quelque chose que vous utilisez uniquement dans votre carrière. Elle concerne également les relations, l'éducation des enfants et tous les autres aspects de votre vie. Si vous pouvez honnêtement répondre *"Oui"*, vous n'avez pas besoin de ce livre. Vraiment. Vous avez déjà la force mentale et vous devriez peut-être penser à écrire votre propre livre ?

Pour la plupart d'entre nous, le succès est moins facile à atteindre ou même à définir. Nous parlons souvent de réussite dans ce livre, mais la signification de ce mot vous est personnelle. Il s'agit peut-être de gagner suffisamment d'argent pour subvenir aux besoins de votre famille, de diriger une entreprise florissante ou d'élever des enfants confiants et satisfaits. À quoi ressemble le succès pour vous ?

De nombreuses personnes trouvent qu'il est difficile de définir le succès. Nous manquons d'objectifs clairs et de l'audace nécessaire pour prendre les décisions qui peuvent changer notre vie. Nous sommes passifs, nous évitons le stress et les problèmes quand nous le pouvons et nous acceptons les solutions de second choix. Il est possible de faire autrement !

Ce livre vous apprendra :

- Comment prendre le contrôle de votre vie
- Comment surmonter la peur et gérer efficacement le stress
- Comment gérer positivement les problèmes et les échecs ?
- Comment appliquer l'approche de la ténacité mentale utilisée par les Royal Marines.
- Comment faire de la force mentale une habitude

Développer la force mentale demande du temps et des efforts. Tout comme la musculation, la construction de la force mentale exige du temps et de la répétition, mais si vous êtes prêt à suivre ce guide étape par étape, vous pouvez changer votre vie de façon permanente et pour le mieux.

Voulez-vous un super pouvoir ? Êtes-vous prêt à commencer à construire la force mentale qui vous permettra de réussir là où les autres échouent ? Voulez-vous changer votre vie ?

Alors, c'est parti !

VOTRE CADEAU GRATUIT

Nous aimerions vous offrir un cadeau pour vous remercier d'avoir acheté ce livre. Vous pouvez choisir parmi tous nos autres titres publiés.

Vous pouvez obtenir un accès immédiat à tous nos livres en cliquant sur le lien ci-dessous et en vous inscrivant sur notre liste de diffusion :

https://campsite.bio/mastertoday

Table des matières

Chapitre 1 : Qu'est-ce que la force mentale et pourquoi est-elle importante ?

Il existe un certain nombre de définitions de la force mentale. L'American Psychological Association définit la résilience (le terme qu'elle utilise pour décrire la ténacité mentale) comme suit :

" *Le processus de bonne adaptation face à l'adversité, aux traumatismes, aux tragédies, aux menaces ou aux sources importantes de stress.* [2]"

Le Journal of Applied Sport Psychology définit la ténacité mentale comme suit :

" *Avoir l'avantage psychologique naturel ou développé qui vous permet de vous en sortir généralement mieux que vos adversaires.* [3]"

Le Dr Jonathan Fader, psychologue clinicien et spécialiste des performances, appelle la ténacité mentale :

---

[2] *Building your resilience*, plusieurs contributeurs, site de l'American Psychological Association, 2012.

[3] *What Is This Thing Called Mental Toughness*, Jones, Hanton et Connaughton, Journal of Applied Sport Psychology, 2002.

"Être capable de dépasser les échecs en restant positif et compétitif. [4]"

Le thème central de ces définitions est clair. La ténacité mentale ne signifie pas que vous pouvez éviter le stress ou l'adversité ou que vous devez devenir un automate sans émotion. Elle définit plutôt la façon dont vous réagissez aux problèmes de votre vie. Est-ce que vous persévérez ou est-ce que vous abandonnez ? Apprendre à persévérer face à l'adversité est l'élément central de la force mentale et la principale différence entre une personne qui réussit et une autre qui échoue. Les deux types de personnes sont confrontés à l'adversité et aux revers, mais la personne qui est forte mentalement se relève et continue jusqu'à ce qu'elle atteigne son objectif.

Nous attribuons souvent la réussite à toute une série de capacités. Nous supposons que les gens réussissent dans leur carrière parce qu'ils sont plus intelligents, plus chanceux ou parce qu'ils travaillent plus dur. Nous supposons que quelqu'un fait un bon parent parce qu'il est plus empathique que les autres. Nous supposons que quelqu'un devient une star du sport parce qu'il a une capacité physique innée qui lui permet d'exceller dans cette activité particulière. Bien sûr, l'intelligence et les capacités naturelles sont importantes, mais l'un des aspects les plus significatifs (et le plus souvent négligé) du succès est la résistance mentale. Certaines études suggèrent que l'intelligence ne représente que 25 à 30 %

---

[4] *What is Mental Toughness*, Dr Jonathan Fader, site web de la *psychologie du sport*.

du succès. Le facteur le plus important de la réussite est la résistance mentale.

C'est une bonne nouvelle car, si vous ne pouvez pas contester votre héritage génétique, vous pouvez apprendre la résistance mentale. Mais apprendre la force mentale est en fait assez compliqué. Il s'agit d'apprendre à gérer des émotions comme la colère, la déception et la frustration de manière constructive. Il s'agit d'apprendre à se concentrer sur les choses que l'on veut atteindre, sans se laisser contrôler par ses peurs. Cela signifie qu'il faut penser honnêtement à des choses comme :

- Gérez-vous bien le stress et la pression ?
- Avez-vous une bonne confiance en vous ?
- Travaillez-vous vers des objectifs clairs et définis ?
- La peur et l'anxiété vous empêchent-elles de réaliser ce que vous voulez ?
- Vous mettez-vous en colère quand vous échouez ?

En vérité, peu d'entre nous peuvent donner des réponses positives à toutes ces questions, et il est tentant de supposer que la véritable force mentale n'est possédée que par des personnes extraordinaires, comme les entrepreneurs les plus prospères et les athlètes de haut niveau. La vérité est que nous connaissons presque certainement déjà des gens ordinaires qui sont forts mentalement.

Pensez à quelqu'un que vous connaissez et qui est doué pour le sport. Quel que soit le sport, l'aptitude implique un développement à la fois physique et mental. Il faut de la forme physique, de l'agilité et de l'entraînement pour devenir bon dans n'importe quel sport, mais il faut aussi avoir de la force mentale. Sans cela, quelle que soit votre compétence physique, vous ne réussirez pas toujours.

Connaissez-vous quelqu'un qui a beaucoup de succès dans sa carrière ? Cette personne travaille probablement dur, mais beaucoup de gens le font sans réussir. Quelle est la différence ? Presque certainement la force mentale qui permet de travailler vers des objectifs clairs et de gérer positivement l'adversité et les revers. Aucune carrière, que vous soyez employé ou entrepreneur, ne se développe sans problèmes. C'est la façon dont vous réagissez à ces problèmes qui déterminera votre réussite ou votre échec.

Peut-être connaissez-vous quelqu'un qui est un excellent parent ? Élever des enfants implique de gérer efficacement l'incertitude et les problèmes. Les personnes qui réussissent le mieux sont celles qui parviennent à surmonter ces problèmes sans perdre leur concentration ou la confiance en leur objectif final.

Pensez à un officier de police, un médecin ou un pompier. Toutes ces personnes sont confrontées à des situations très stressantes, où des vies sont parfois en jeu. Pour réussir, toutes ces personnes doivent faire preuve de ténacité mentale.

La force mentale n'est pas quelque chose d'inaccessible ou de réservé à une élite. Il s'agit d'une approche que tout le monde peut apprendre et appliquer à tous les aspects de sa vie. Elle présente également des avantages évidents.

Les avantages du développement de la force mentale

Jetons un coup d'œil à certains des avantages les plus importants du développement de la force mentale.

Surmonter la peur. La peur est l'un des principaux inhibiteurs du comportement humain. Cette peur peut être judicieuse car elle peut nous aider à éviter de faire des choses qui pourraient nous nuire. La peur de l'échec, la peur de l'inconnu, la peur d'avoir l'air idiot et la peur d'essayer quelque chose de nouveau sont autant de facteurs qui nous empêchent de réussir. Nous évitons la peur en nous réconfortant dans le familier et le connu. Le pire, c'est que souvent nous ne reconnaissons pas l'existence de la peur, nous disant que nous sommes prudents ou attentifs alors qu'en réalité, nous laissons nos peurs nous retenir. La force mentale nous aide à reconnaître quand la peur nous retient et nous donne des moyens de la surmonter.

Fournir des objectifs clairs. Il n'est jamais facile de surmonter les problèmes, mais nous avons beaucoup plus de chances de réussir si nous voyons ces problèmes dans le contexte global d'un objectif plus large. Des études répétées ont montré que les personnes qui réussissent le mieux ont des objectifs clairs qu'elles s'efforcent d'atteindre. Ces objectifs peuvent aller de l'atteinte d'un certain niveau sportif à la création d'une entreprise prospère. Ils nous permettent de nous concentrer sur la destination, de sorte que nous soyons moins susceptibles d'abandonner l'aventure. La force mentale vous aide à identifier et à fixer des objectifs qui vous permettent de rester motivé lorsque vous êtes confronté à des problèmes.

Retarder la satisfaction. La capacité à retarder la satisfaction est étroitement liée aux objectifs à long terme. En tant qu'êtres humains, nous voulons des récompenses immédiates. Cependant, la recherche de récompenses instantanées peut nous inciter à abandonner une activité qui ne nous apportera pas rapidement quelque chose de positif. Cela ne nous aide pas, car pour réussir à long terme, il faut souvent travailler dur et faire des efforts tout de suite, sans espérer de récompense immédiate. Si nous avons des objectifs clairs, nous pouvons apprendre à retarder cette impulsion afin de travailler pour obtenir des satisfactions à l'avenir.

Gérer les émotions. Il est parfaitement naturel de ressentir de la déception, de la frustration et même de la colère lorsque vous êtes confronté à des problèmes. Cependant, si vous dirigez ces émotions vers les autres, en les rendant responsables de vos échecs, vous ne pourrez jamais aller de l'avant. La force mentale vous aide à comprendre d'où viennent vos émotions et à diriger votre énergie pour surmonter les problèmes, sans vous laisser aller à la culpabilité ou au blâme.

Apprendre à se laisser aller. Vous avez essayé quelque chose de nouveau. Ça a échoué. Cette expérience vous a fait mal. Comment faire face à cela ? Si vous vous engagez à ne plus jamais vous mettre dans cette position, vous ne ferez jamais de progrès. Au lieu de cela, vous devez apprendre à accepter les émotions négatives, puis à aller de l'avant et à les laisser partir. Vous devez tirer des leçons du passé, mais vous ne devez pas laisser les émotions passées définir votre façon d'agir aujourd'hui. La ténacité mentale vous donne les techniques dont vous avez besoin pour lâcher prise et aller de l'avant.

Gérer le doute de soi. Tout le monde souffre du doute de soi. Tout le monde, même ceux qui semblent totalement maîtres d'eux-mêmes et confiants. Cependant, remettre en question ce que vous faites est en fait sain, tant que cela vous permet d'apprendre et de grandir. Le doute de soi n'est pas sain lorsqu'il devient une peur qui vous empêche d'essayer de réaliser ce que vous voulez. La force mentale vous permet de regarder ce que vous faites de manière objective et ouverte tout en rejetant la peur.

Gérer l'échec. Vous allez échouer. C'est une partie inévitable du développement et du changement. Personne n'est parfait et tout le monde fait des erreurs. Cependant, la force mentale vous permet de considérer l'échec comme faisant partie d'un processus d'apprentissage qui mènera à un éventuel succès (rappelez-vous Thomas Edison !).

Vous ne devez pas craindre l'échec, mais vous devez être capable de reconnaître quand il est temps d'arrêter et de dépenser votre temps et votre énergie de manière plus productive.

Gérer le stress. La réalisation de presque tout ce qui en vaut la peine implique du stress, que vous essayiez d'être un bon parent ou d'inventer un nouveau produit. Le stress peut être nuisible s'il vous empêche de réussir, mais il peut aussi être motivant si vous apprenez à le voir dans le contexte d'une progression globale vers des objectifs importants. La ténacité mentale vous aide à rester optimiste face au stress et à apprendre à le gérer de manière positive.

Devenir plus confiant. Lorsque vous apprenez à surmonter vos peurs et à faire face aux problèmes dans le cadre d'objectifs à long terme, vous avez beaucoup plus de chances d'avoir la confiance nécessaire pour continuer au lieu d'abandonner. La ténacité mentale vous aide à améliorer votre confiance en vous.

Améliorer les performances. Avez-vous déjà essayé quelque chose de nouveau, peut-être un nouveau sport ou une nouvelle activité physique, puis abandonné ? La plupart d'entre nous l'ont fait, mais qui sait ? Peut-être que si nous avions continué, nous serions aujourd'hui des champions. La force mentale vous aide à être plus performant dans tout ce que vous faites, à continuer lorsque les choses se compliquent.

Conseils sur la force mentale donnés par des personnes ayant réussi

Il est évident que les personnes qui réussissent le mieux sont fortes mentalement. Ils ne réussiraient pas s'ils ne l'étaient pas. Que pouvons-nous apprendre d'eux ? Voici quelques conseils de personnes qui ont réussi dans leur domaine.

Oubliez la chance.

"Nous ne croyons pas à la chance, la chance c'est la préparation en attendant une opportunité."

-    Ross Braun, directeur technique de la Formule 1

Lorsque nous regardons une personne qui a réussi, il est facile de penser qu'elle a de la chance. Nous pouvons être tentés d'attendre que la chance nous fasse réussir. En réalité, le succès du jour au lendemain est presque toujours une illusion, et attendre la chance ne joue aucun rôle dans la réussite. Un nouveau produit qui semble sortir de nulle part est presque certainement passé par un long processus de développement et d'amélioration que nous ne voyons jamais. Un athlète qui atteint soudainement la gloire a très probablement passé des années à s'entraîner et à se préparer. La réussite d'une entreprise repose sur des années de préparation et, très probablement, sur quelques échecs en cours de route.

C'est vraiment le sens de la citation de Ross Braun. Vous n'arriverez à rien sans préparation. La force mentale vous permet de poursuivre cette préparation même si elle n'apporte pas de récompense immédiate. Mais, lorsque l'opportunité se présentera, vous serez prêt. Les autres y verront peut-être de la chance, mais vous vous saurez.

Concentrez-vous sur ce que vous pouvez contrôler

"Des changements incroyables se produisent dans votre vie lorsque vous décidez de prendre le contrôle de ce sur quoi vous avez du pouvoir au lieu de vouloir contrôler ce sur quoi vous n'en avez pas."

Steve Maraboli, auteur et spécialiste des sciences du comportement

Le temps et l'énergie dont vous disposez sont limités. Il est donc logique de se concentrer sur les choses que vous pouvez contrôler et de laisser de côté celles que vous ne pouvez pas changer. Nous sommes constamment bombardés d'informations et il est facile de se laisser distraire par des choses sur lesquelles nous n'avons aucun contrôle. Cependant, ce n'est pas une utilisation productive de votre temps. Se plaindre de quelque chose n'est pas la même chose qu'agir !

Les personnes qui réussissent le mieux concentrent leur temps sur les choses qu'elles peuvent changer. Elles font une distinction claire entre ce qu'elles peuvent changer et ce qu'elles ne peuvent pas. Vous devez apprendre à faire de même et à vous concentrer uniquement sur les choses que vous pouvez changer.

S'engager mais rester flexible

"La mesure de l'intelligence est la capacité à changer."

- Albert Einstein

La vie a l'habitude de nous réserver des surprises. Peu importe le soin que vous mettez à planifier ou à anticiper, il est pratiquement certain qu'une chose que vous n'aviez pas prévue va surgir. La façon dont vous réagissez à l'inattendu est une partie importante de la force mentale.

Certaines personnes semblent être paralysées par le changement. Les personnes qui réussissent constamment font preuve de souplesse dans leur façon de réagir aux événements imprévus. Vous devez apprendre la flexibilité. Cela implique d'accepter que, quel que soit le soin que vous apportez à votre planification, le monde est un endroit complexe qui peut produire des développements surprenants.

Connais-toi toi-même

"Ne soyez pas confus entre ce que les gens disent que vous êtes et ce que vous savez que vous êtes."

- Oprah Winfrey

La ténacité mentale exige une compréhension profonde et véritable de qui vous êtes vraiment et pourquoi vous faites ce que vous faites. Cette compréhension implique de reconnaître et d'exploiter vos points forts et de reconnaître et réduire l'impact de vos points faibles.

La plupart d'entre nous pensent que nous nous connaissons, mais ce n'est souvent vrai que dans une certaine mesure. Nous pouvons reconnaître les situations qui déclenchent des émotions particulières ou les raisons pour lesquelles nous voulons recevoir une gratification particulière, mais les personnes qui réussissent le mieux comprennent clairement ce qui les motive. Elles ont des objectifs de vie personnels qui comptent pour elles. Se comprendre en profondeur n'est pas toujours confortable, car cela peut signifier reconnaître des peurs et des faiblesses cachées, mais c'est un élément essentiel de la force mentale.

Apprendre à gérer de manière constructive les déceptions

"Si nous sommes assez calmes et prêts, nous trouverons une compensation dans chaque déception."

- Henry David Thoreau

Personne ne réussit tout, et l'échec est toujours une déception. La force mentale signifie que vous réagissez à la déception d'une manière différente. Si vous avez travaillé dur pour atteindre quelque chose mais que vous n'avez pas réussi, vous n'allez pas vous sentir bien. Cependant, vous ne devez pas laisser cette déception vous empêcher de réessayer.

Les personnes qui réussissent le mieux ressentent la déception de l'échec de manière tout aussi aiguë, mais elles utilisent cette émotion comme une occasion d'analyser et d'apprendre ce qui n'a pas fonctionné et, en particulier, ce qu'elles peuvent faire pour éviter le même échec à l'avenir. Développer la force mentale ne signifie pas que vous éviterez complètement la déception, mais que vous traiterez ce sentiment comme une opportunité d'apprentissage et que vous passerez à autre chose.

Atteindre une véritable force mentale signifie trouver un équilibre entre optimisme et réalisme. Vous devez trouver cet optimisme qui vous pousse à essayer de nouvelles choses, mais cette vision positive doit être tempérée par l'acceptation du fait que tout ce que vous faites ne fonctionnera pas parfaitement. Si vous êtes trop optimiste, vous risquez de ne pas anticiper les problèmes potentiels, ce qui vous expose à une déception toujours plus grande lorsqu'ils se produisent. Mais vous ne devez pas laisser la peur de la déception vous empêcher d'essayer.

Embrasser l'incertitude

"L'avenir est incertain... mais cette incertitude est au cœur même de la créativité humaine."

-       Ilya Prigogine, chimiste et lauréat du prix Nobel.

L'avenir nous réserve certainement des surprises, certaines bienvenues, d'autres moins. C'est un problème car nos plans et nos aspirations sont fondés sur la prévision de l'avenir mais, si celui-ci est vraiment incertain, nos plans devront peut-être être modifiés. De nombreuses personnes réagissent à cette incertitude soit en ne faisant pas de plans à long terme, soit en abandonnant lorsque les circonstances changent.

Les personnes mentalement fortes considèrent l'incertitude comme une opportunité. Elles font des plans, mais elles reconnaissent que ces plans peuvent être amenés à changer, et elles acceptent ce défi. Tout le monde est confronté à l'incertitude. Ceux qui apprennent à l'accepter et sont suffisamment flexibles pour changer en fonction des besoins seront toujours plus performants.

Chapitre 2 : Les éléments de la force mentale

Les ennemis de la force mentale

Avant de commencer à parler des éléments de la force mentale, nous devons d'abord discuter de plusieurs choses qui sont à l'opposé. Il s'agit de modes de pensée qui sapent la ténacité mentale. Si vous souffrez de ces modes de pensée, vous devez les reconnaître et prendre des mesures pour en réduire l'impact.

Ce n'est pas juste !

L'apitoiement est l'antithèse de la force mentale. S'apitoyer sur soi-même parce que quelque chose n'a pas fonctionné n'est pas utile. Cet apitoiement nous amène à adopter un mode de pensée qui suggère que les problèmes ne sont pas de notre faute, que nous sommes impuissants face aux circonstances.

Arrêtez !

Vous avez le contrôle de votre vie. Vous prenez les décisions qui vous mènent vers vos objectifs. Si les choses ne marchent pas, il ne sert à rien de s'apitoyer sur son sort. Bien sûr, vous allez vous sentir déçu et peut-être même frustré, mais à ce moment-là, vous avez le choix. Vous pouvez vous complaire dans le sentiment que le monde est contre vous, que vous avez fait de votre mieux, mais que les choses ont conspiré contre vous. Le corollaire tacite est qu'il ne sert à rien de réessayer et que l'échec devient une excuse pour l'inaction. Au contraire, il faut surmonter l'échec, en tirer des leçons et éviter de refaire les mêmes erreurs.

Mais je ne suis pas assez bon...

Le doute de soi est une émotion humaine normale et tout le monde, même ceux qui semblent complètement sûrs d'eux, en souffre. Ce doute peut en fait être utile car il vous amène à remettre en question ce que vous faites et à vous demander s'il n'existe pas de meilleures méthodes. L'arrogance n'est pas la même chose que la force mentale. Cependant, si vous laissez le doute dominer, il peut saper tout ce que vous entreprenez.

Le doute de soi est souvent alimenté par cette voix intérieure, celle qui nous dit que nous ne sommes pas assez intelligents, séduisants ou travailleurs. Tout le monde a cette critique interne qui commente ce que nous faisons, que nous le voulions ou non. Ce que beaucoup de gens ne comprennent pas, c'est que cette voix intérieure peut être entraînée à devenir positive et à nous soutenir. Au lieu de vous dire que vous ne réussirez jamais, votre voix intérieure célébrera vos succès et renforcera votre confiance en vous. L'acquisition d'une voix intérieure positive est un élément essentiel du développement de la résistance mentale.

Je n'ai pas le courage La paresse est un autre aspect de notre personnalité qui nous empêche de réussir. Mais la vérité est que moins nous en faisons, plus nous nous sentons léthargiques. Bien sûr, cela ne signifie pas que vous n'avez pas besoin de prendre du temps pour vous détendre et vous rafraîchir. Il s'agit de reconnaître quand vous évitez quelque chose parce que cela vous semble être un trop gros effort et de prendre des mesures pour vous assurer que votre énergie reste élevée.

L'autodiscipline est un élément important pour surmonter notre tendance naturelle à vouloir éviter le travail difficile et le stress. Travailler à des objectifs à long terme nous aide à rester concentrés et à éviter la paresse.

Je veux que ce soit parfait...

Vous pourriez imaginer que le perfectionnisme fait partie de la force mentale, mais en réalité, ce n'est pas le cas. Essayer de faire de son mieux dans toute entreprise est une bonne chose, mais croire que les choses ne valent la peine d'être faites que si vous pouvez atteindre un certain état de perfection imaginaire (et probablement inaccessible) ne l'est pas. Il n'y a qu'un pas entre essayer d'atteindre la perfection et décider que cela ne vaut vraiment pas la peine d'essayer parce que vous n'y arriverez pas. Les personnes mentalement fortes s'efforcent toujours de dépasser leurs propres attentes, mais elles ne sont pas obsédées par la recherche d'une perfection inaccessible.

J'ai peur...

La peur est le plus grand inhibiteur de la force mentale. En fait, elle est si importante que ce sujet fait l'objet d'un chapitre à lui seul. Pour le moment, sachez simplement que la peur est normale et même utile, mais que si elle n'est pas maîtrisée, elle peut vous empêcher d'atteindre vos objectifs.

Je suis en colère.

Ressentir des émotions est naturel et sain. Il existe des émotions positives et négatives. La joie, l'espoir et l'amour sont tous positifs. La colère, la frustration et la jalousie sont négatives. Les émotions positives nous rendent optimistes, forts et confiants. Les émotions négatives nous font ressentir un sentiment d'insécurité, d'incertitude et de doute de soi. Le développement de la force mentale consiste en partie à apprendre à reconnaître les émotions négatives, à voir clairement d'où elles viennent et à s'assurer que nous ne laissons pas ces sentiments dominer notre pensée.

De nombreuses personnes se retrouvent coincées dans des cycles de doutes et d'incertitudes. La force mentale est un antidote à ces deux phénomènes et, dans ce livre, nous vous présenterons des techniques qui vous permettront d'apprendre à développer une pensée positive.

Je ne peux pas faire ça parce que...

Les croyances autolimitatives sont des choses que nous croyons à propos de nous-mêmes et qui limitent ce que nous faisons. Parfois, elles peuvent être sensées, pratiques, et éviter les efforts inutiles. Vous souhaitez peut-être vraiment devenir un joueur de basket professionnel, par exemple, mais si vous n'êtes pas très grand, cela ne se produira probablement pas, quels que soient vos efforts. Votre désir de devenir pilote de chasse est louable, mais il ne vous mènera probablement pas à une carrière dans l'armée de l'air si vous êtes daltonien.

Cependant, de nombreuses croyances autolimitatives sont néfastes et inexactes. Par exemple, "Je suis trop vieux pour une nouvelle carrière", "Je ne peux pas trouver de partenaire parce que je ne suis pas attirant" ou "Je ne suis pas assez intelligent pour apprendre une nouvelle langue". Les croyances autolimitatives deviennent un problème lorsqu'elles sont fondées sur la perception de nos propres faiblesses qui sont souvent exagérées ou mises en évidence. Nous avons tous des capacités et des attributs positifs, et nous devons être capables d'équilibrer la reconnaissance de nos faiblesses avec la compréhension de nos forces. Pour devenir mentalement fort, nous devons apprendre à reconnaître ces croyances autolimitatives comme erronées et à les ignorer.

<u>Exercice 1</u>

Les sept modes de pensée qui ne sont d'aucune aide décrits ci-dessus entravent tous le développement personnel et sont des obstacles pour quiconque cherche à améliorer sa vie en développant sa force mentale. Nous souffrons tous d'au moins quelques-uns d'entre eux. Avant de commencer votre voyage d'amélioration, prenez cinq minutes pour aller à la section des exercices à la fin de ce livre, et faites le premier exercice pour déterminer ceux qui vous affectent. Cela ne prendra qu'un instant, mais il est important que vous fassiez cet exercice avant de poursuivre votre lecture.

Les éléments de la force mentale

Maintenant que vous connaissez les états d'esprit qui sapent la force mentale, il est temps de réfléchir à ce qui constitue la force mentale. Il y a quatre parties pour être mentalement fort :

- Maîtriser les émotions

- Faire face à l'échec
- Réagir à l'adversité
- Apprendre à retarder les satisfactions

Chacune est importante et toutes sont liées. Examinons-les les unes après les autres.

1 : Maîtriser les émotions

Ressentir des émotions fait partie de ce qui fait de nous des êtres humains. On croit souvent à tort que devenir mentalement fort signifie éliminer les émotions. Ce n'est pas le cas, tout simplement parce que cela serait impossible. Au contraire, nous devons apprendre à développer notre intelligence émotionnelle (parfois appelée quotient émotionnel ou QE). Le QE nous permet non seulement d'être plus conscients de nos émotions, mais aussi de voir d'où elles viennent et d'empêcher les émotions de régir notre comportement. Cette compréhension de nos émotions nous aide à éviter de prendre des décisions basées sur la peur, l'anxiété, la jalousie ou toute autre émotion que nous ressentons. Cela signifie de meilleures décisions, mais le développement du QE nous permet également de mieux comprendre les émotions des autres, ce qui est essentiel si nous voulons avoir des relations personnelles et professionnelles efficaces.

Nous supposons souvent que l'intelligence (quotient intellectuel, ou QI) est l'attribut le plus important pour décider de notre réussite ou de notre échec. Cependant, la plupart des études concluent que le QE est en fait un meilleur indicateur de réussite que le QI. Le QI mène à l'excellence académique, mais le QE vous prépare à traiter avec les gens. Si vous ne parvenez pas à établir des relations efficaces, vous avez peu de chances de réussir, aussi brillant que vous soyez. Une étude menée par le Center for Creative Leadership sur les causes des échecs professionnels a révélé que jusqu'à 75 % d'entre eux étaient dus à des problèmes de travail avec les autres, souvent dus à l'incapacité de comprendre pleinement ce que les autres veulent et ont besoin dans une relation de travail.

Le QE se compose de quatre éléments principaux :

> **Conscience de soi.** Vous devez être capable de reconnaître vos propres émotions et de comprendre d'où elles viennent. Êtes-vous en colère parce que vous n'avez pas obtenu cette promotion ou êtes-vous jaloux du collègue qui l'a obtenue ? Lorsque vous pouvez voir clairement d'où viennent les émotions négatives, il est beaucoup plus facile d'en diminuer l'impact. Développer un QE fort signifie se reconnecter à ses émotions et devenir à l'aise avec elles. Il est beaucoup plus facile de rester motivé et d'être discipliné lorsque votre comportement n'est pas dicté par un comportement incontrôlé.

Exercice 2 : évaluer vos émotions et la conscience que vous en avez

> **L'empathie.** Le mot "empathie" est souvent utilisé comme synonyme de "gentillesse" ou de "sympathie", mais ce n'est pas du tout ce qu'il signifie. Être empathique signifie être capable de

comprendre les sentiments des autres, de se mettre à leur place. Cela signifie être capable de comprendre ce que les autres ressentent et avoir une idée de la raison pour laquelle ils se sentent ainsi. En quoi cela est-il important ? Tout d'abord, cela nous permet de mieux comprendre pourquoi les gens agissent comme ils le font. Si votre patron est en colère, vous pouvez supposer que votre performance est le problème. Si vous savez que votre patron traverse des problèmes personnels, vous pouvez considérer sa colère de manière très différente et y répondre de manière appropriée. Sans empathie, vous aurez beaucoup plus de mal à comprendre les relations personnelles et professionnelles.

Exercice 3 : Empathie

La gestion de soi. La maîtrise des émotions ne consiste pas à étouffer ou à ignorer ce que l'on ressent. Essayer de se dissocier de ses sentiments ou de prétendre qu'ils n'existent pas n'est ni utile ni efficace. Cela ne nous rend pas mentalement forts, mais nous rend en fait plus enclins à la dépression et au doute. Au contraire, vous devez apprendre à gérer vos émotions en les reconnaissant, en comprenant d'où elles viennent et en apprenant à limiter leur effet sur votre comportement. Agir alors que vous êtes en colère, effrayé ou anxieux est rarement bénéfique. Apprenez à évaluer vos propres émotions (et celles des autres) avant de prendre des décisions importantes.

Gérer les relations. Que ce soit dans notre vie personnelle ou au travail, apprendre à gérer efficacement les relations est un élément essentiel du développement du QE. L'établissement de relations efficaces et satisfaisantes exige à la fois de l'empathie et une bonne connaissance de soi. Il faut écouter les autres (ce qui signifie à la fois entendre ce qu'ils disent et prendre conscience de la communication non verbale). Cela implique d'être conscient de l'effet de votre communication verbale et non verbale sur les autres. Deux personnes n'auront jamais exactement les mêmes besoins, les mêmes ambitions et les mêmes aspirations, de sorte qu'une certaine forme de conflit est inévitable. Toutefois, en gérant efficacement vos relations, vous pouvez transformer le conflit, qui est une source de problèmes, en un moyen d'accroître la confiance.

2 : Faire face à l'échec

Vous allez échouer. <u>Personne, aussi talentueux et travailleur soit-il</u>, ne passe sa vie sans connaître l'échec. Plus vous êtes prêt à prendre des risques et à vous ouvrir à de nouvelles expériences et à de nouvelles opportunités, plus vous êtes susceptible d'échouer. Mais vous ne pouvez pas réussir si vous n'êtes pas prêt à prendre des risques. La seule façon d'être certain de ne jamais échouer est de ne jamais essayer de réussir.

Accepter ce fait est une partie importante de l'apprentissage de la gestion de l'échec. Si votre approche consiste à éviter complètement l'échec, la seule façon d'y parvenir est de ne rien faire. Si votre approche consiste à faire de votre mieux pour réussir, mais que vous reconnaissez que cela n'arrivera pas toujours, il s'agit d'une attitude beaucoup plus saine qui contribue à la solidité mentale.

Les échecs ne seront jamais amusants, mais ce n'est pas grave. Vous vous sentirez mal quand vous échouerez, mais une étude de 2017 publiée dans le *Journal of Behavioral Decision-Making* note que se sentir mal à propos de l'échec peut en fait vous motiver si vous ne regardez pas l'échec lui-même mais les émotions qu'il provoque en vous. Se dire que vous ne vous souciez pas de votre échec n'est probablement pas vrai, et ce n'est pas une façon efficace de gérer l'échec. Consommer de l'alcool, des drogues ou de la nourriture pour atténuer vos sentiments d'échec ou essayer de trouver une autre personne ou circonstance à blâmer ne sont pas non plus des réponses efficaces à l'échec. Vous devez apprendre à tirer quelque chose de positif de l'échec : l'apprentissage. Ce qu'il y a de bien avec l'échec, c'est qu'il vous apprend à éviter le même problème dans le futur. Combien de personnes que vous connaissez répètent le même comportement à chaque fois, quand bien même cela les a menés à l'échec par le passé ? Il s'agit peut-être d'une tentative de perdre du poids, d'adopter un mode de vie sain ou de changer leur façon d'aborder les relations. Pourtant, vous êtes certain que cette nouvelle approche est vouée à l'échec de la même manière que les tentatives précédentes.

On dit que la définition de la folie est de faire la même chose encore et encore, en s'attendant à des résultats différents. Échouer sans cesse pour les mêmes raisons revient à faire la même chose. La force mentale, c'est apprendre à gérer l'échec de manière constructive. Apprenez à accepter un manque de succès occasionnel comme un résultat inévitable pour avoir eu l'audace d'essayer quelque chose de différent. Prenez vos responsabilités, mais ne le prenez pas personnellement. Un manque de succès ne signifie pas que <u>vous</u> êtes un échec. Vous n'allez jamais aimer la frustration, mais si vous pouvez la considérer comme une précieuse occasion d'apprendre et une étape sur le chemin du succès éventuel, alors vous êtes sur la voie de la force mentale.

L'échec n'est pas une sorte de résultat d'examen global décidant si vous réussissez ou non. C'est simplement la façon dont la vie vous fournit un retour constructif sur ce que vous devez changer. Acceptez ce retour, apprenez-en et allez de l'avant.

<u>Exercice 4 : gérer l'échec</u>

3 : Réagir à l'adversité

Parfois, la vie est facile. Vous vous débrouillez sans problème majeur et vous obtenez ce que vous voulez sans trop d'efforts. Cependant, trop souvent, la vie n'est pas du tout comme ça. Vous passez tout votre temps à vous battre contre des problèmes et des obstacles et, parfois, vous avez l'impression de ne pas progresser. C'est l'adversité, et la façon dont vous y réagissez est un élément important de votre réussite ou de votre échec.

Voici quatre techniques éprouvées pour faire face à l'adversité.

Soyez prêt. Il y a presque deux cents ans, le Premier ministre britannique Benjamin Disraeli a déclaré : *"Je suis préparé au pire, mais j'espère le meilleur"*. "Cette approche est tout aussi valable aujourd'hui qu'à l'époque. L'optimisme est un élément important de la force mentale. Toutefois, si vous pouvez anticiper les problèmes et planifier la façon d'y répondre, vous avez plus de chances d'être en mesure d'agir de façon réfléchie et efficace.

Rappelez-vous ce que vous avez accompli. Vous avez déjà fait face à l'adversité dans votre vie et vous avez réussi. Cette connaissance vous donne la force et la concentration nécessaires pour faire face à de nouveaux problèmes, et ce que vous avez appris de l'adversité passée peut être appliqué à nouveau. Tout comme l'échec, l'adversité est un moyen d'apprendre et de grandir. Voyez les choses ainsi et vous aurez plus de facilité à les gérer.

L'adversité peut être source d'opportunités. Les situations difficiles peuvent être l'occasion d'un changement de direction ou d'orientation. Dans *Think and Grow Rich*, l'auteur Napoleon Hill note que *"toute adversité porte en elle le germe d'un avantage équivalent ou supérieur"*. "Pensez à la pandémie de COVID 19. Cet événement a causé des problèmes massifs et imprévus aux entreprises et aux particuliers du monde entier. Cependant, quelques-unes ont connu un succès notable en saisissant l'occasion de changer l'orientation de leurs activités pour mieux répondre aux besoins d'un monde en état d'urgence.

Prenez le contrôle. Il arrive des choses imprévues que vous ne pouvez pas contrôler. En revanche, vous pouvez contrôler la façon dont vous réagissez. Lorsque quelque chose d'inattendu se produit, vous voudrez bien sûr prendre le temps de réfléchir, mais votre objectif ultime devrait être d'agir. Vous ne pouvez rien changer en réfléchissant ou en planifiant. Seule l'action mène au changement, et si vous voulez faire face à l'adversité, vous devez être prêt à agir.

Tout comme la gestion de l'échec, une partie importante de la préparation à l'adversité consiste à reconnaître que vous la rencontrerez probablement sous une forme ou une autre. Ainsi, elle ne sera pas une surprise totale et vous pourrez réagir plus efficacement.

4 : Apprendre à retarder la gratification

De nombreuses études confirment que nous avons plus de chances de réussir si nous pratiquons la maîtrise de soi et surtout si nous pouvons apprendre à retarder la gratification. Qu'est-ce que cela signifie ? Cela signifie qu'il faut rejeter l'opportunité de faire quelque chose qui nous plaît maintenant afin de réaliser quelque chose d'encore plus important dans le futur. Vous aimez peut-être aller boire un verre avec des amis après le travail, alors que vous pourriez utiliser ce temps pour travailler sur le roman dont vous parlez sans cesse. Vous prenez la décision consciente de refuser de faire quelque chose qui vous procure un plaisir immédiat (aller boire un verre) et de vous concentrer sur quelque chose qui vous apportera un plus grand bénéfice plus tard (publier un roman).

Vous remarquerez que retarder la gratification implique une décision consciente de votre part. C'est vous qui décidez d'opter pour le moindre plaisir maintenant ou pour le plus grand bénéfice plus tard. Cependant, il est à noter que la capacité à retarder la gratification est un élément important de la force mentale et une caractéristique des personnes qui réussissent le mieux. En partie, retarder la gratification consiste à apprendre à contrôler ses impulsions. Vous êtes au régime, vous avez faim, et vous passez devant une pâtisserie avec de délicieuses pâtisseries en vitrine. Votre réflexe est de vous précipiter pour en acheter une. Retarder la gratification signifie que vous ne le faites pas parce que vous voulez que votre régime réussisse.

La bonne nouvelle, c'est que, comme pour tout autre aspect de la résistance mentale, vous pouvez apprendre à retarder la satisfaction. Chaque fois que vous cédez à une impulsion, vous renforcez les notions de votre cerveau qui associent le plaisir à un effort minimal. Cette association devient une habitude, et ce n'est pas une habitude utile. À l'inverse, lorsque nous faisons l'effort de ne pas céder à une impulsion, nous apprenons à retarder la gratification et à faire une association entre la retenue, la discipline et la récompense. Si vous pouvez apprendre à retarder la gratification, vous partagerez un état d'esprit avec les personnes qui réussissent le mieux.

Apprendre à penser de cette manière n'est pas facile. Chaque jour, nous sommes bombardés de messages destinés à nous persuader de céder à nos impulsions. Nous devons apprendre à les rejeter au profit de la poursuite de nos objectifs à long terme.

Chapitre 3 : Surmonter vos peurs

La peur est utile. Elle nous empêche de faire des choses qui pourraient nous nuire, elle nous permet de rester vigilants et elle peut même nous inciter à agir. Cependant, la peur peut aussi faire obstacle à l'action si nous la laissons dominer notre pensée et ne recherchons que ce qui nous semble être l'option la moins risquée, au lieu de peser logiquement les alternatives. La peur peut s'immiscer dans tous les aspects de notre vie, de notre carrière à nos relations.

Pour faire face à la peur, il faut apprendre à la reconnaître. La peur est un sentiment qui touche tout le monde, mais elle est en fait plus difficile à identifier que vous ne le pensez. Si nous rencontrons un animal dangereux dans la nature ou si nous nous trouvons dans une position précaire en hauteur, la peur que nous ressentons est immédiate et sans équivoque. Toutefois, ce type de peur simple est (espérons-le !) rare dans notre vie professionnelle et dans nos relations. Nous souffrons plutôt de peurs complexes qui peuvent être plus difficiles à définir et à expliquer.

Pour développer votre force mentale, vous devez apprendre à reconnaître et à surmonter la peur. Heureusement, il existe un certain nombre de techniques éprouvées que vous pouvez utiliser pour y parvenir.

Nommez cette peur

L'une des meilleures techniques pour faire face à la peur s'appelle "*nommer sa peur*". Comme pour presque tout ce qui affecte notre comportement, comprendre réellement ce qu'est une peur particulière est un bon moyen d'en diminuer l'effet subconscient. C'est en fait plus compliqué qu'il n'y paraît lorsqu'il s'agit de peurs complexes. Par exemple, vous pouvez dire que vous avez peur d'essayer quelque chose de nouveau au travail parce que si cela ne fonctionne pas, vous pourriez perdre votre emploi. Cette peur peut sembler simple et directe, mais la peur est plus complexe que vous ne le pensez.

La peur de perdre son emploi est une peur importante et mal définie, mais elle est sous-tendue par de nombreuses autres peurs plus spécifiques. "Si je perds mon emploi, j'ai peur de ne pas pouvoir subvenir aux besoins de ma famille". "Si je perds mon emploi, j'ai peur de perdre le respect de mon partenaire." "Si j'essaie quelque chose de nouveau et que cela échoue, j'ai peur d'avoir l'air stupide aux yeux de mes collègues." Ce ne sont que des exemples, mais lorsque vous creusez dans toute peur complexe, elle est généralement sous-tendue par de nombreuses préoccupations plus spécifiques. Pour nommer efficacement votre peur, il faut réfléchir à ces questions jusqu'à ce que vous compreniez ce qui vous retient vraiment.

S'il y a quelque chose que vous repoussez sans cesse, ou une tâche ou un projet que vous n'arrivez pas à entreprendre, il est très possible que la peur soit en cause.

Quel est le pire qui puisse arriver ?

Les gens réfléchissent depuis très longtemps à la manière de gérer la peur. Sénèque le Jeune était un philosophe et homme d'État romain. Il y a environ 2 000 ans, il a fondé une nouvelle école de pensée, le stoïcisme. Cette philosophie partait du principe que surmonter ses émotions, y compris la peur, était une condition préalable essentielle pour mener une vie efficace et satisfaisante.

Sénèque a été le premier à introduire un exercice destiné spécifiquement à réduire la peur : la *"premeditatio malorum"* (la préméditation du mal). En termes simples, cette approche consiste à visualiser, dans les moindres détails, les pires scénarios possibles pour toute action envisagée. Dans le monde des affaires moderne, l'approche de Sénèque a été réimaginée sous le nom de "pre-mortem", et il s'agit d'une stratégie de gestion reconnue et efficace utilisée lors de la planification de nouvelles entreprises.

Un certain nombre de grandes entreprises utilisent régulièrement la technique du pre-mortem. La NASA, par exemple, utilise des ateliers pre-mortem pour identifier les problèmes potentiels qui peuvent être associés à un nouveau projet. Imaginer le pire qui puisse arriver est en fait un outil de planification puissant. C'est ce qu'on appelle parfois le *"recul prospectif"*, ce qui signifie que si vous pouvez imaginer en détail le pire qui puisse arriver, vous pouvez également réfléchir à ce qui a pu conduire à cette situation. Vous pouvez alors élaborer des plans pour faire en sorte que cela ne se produise pas.

Cependant, le pre-mortem est aussi un excellent moyen de réduire les peurs. Les pires scénarios sont l'une des principales causes de la peur. Si vous y faites face et y réfléchissez en détail, ces peurs s'atténueront. Les individus peuvent également utiliser la technique du pre-mortem.

Exercice 6 : Quel est le pire qui puisse arriver ?

Vivre au jour le jour

Penser au pire qui puisse arriver dans le futur peut aider à réduire la peur. Mais vous ne vivez pas dans le futur. Vous vivez ici, dans le présent, et vous devez aussi apprendre à concentrer votre énergie, votre attention et votre temps sur ce que vous faites en ce moment.

L'un des premiers livres d'auto-assistance mondialement populaires est *How to Stop Worrying and Start Living* de l'écrivain et conférencier américain Dale Carnegie. Publié pour la première fois en 1948, la thèse centrale de ce livre est que passer du temps à s'inquiéter de l'avenir est en grande partie une perte de temps. Si, au contraire, vous vous consacrez à 100% à ce que vous faites chaque jour, l'avenir s'occupera de lui-même. Apprendre à se concentrer sur le présent est une approche puissante qui est tout aussi pertinente aujourd'hui qu'elle l'était en 1948.

Penser à l'avenir et envisager ce que vous pouvez faire pour atténuer les problèmes potentiels est judicieux. Se contenter de s'inquiéter de l'avenir de manière non structurée est tout à fait utile. Vous devez apprendre à équilibrer la planification de l'avenir avec une concentration sur le présent, en vous engageant à 100 % dans ce que vous faites maintenant. Ou, comme le disait Dale Carnegie, *"Vivez chaque jour jusqu'à l'heure du coucher"*.

Abandonner intelligemment

"Les gagnants n'abandonnent pas !" est un mantra que vous entendrez fréquemment répété dans les livres de développement personnel et ailleurs. Il y a là une part de vérité. Après tout, vous devez faire preuve de persévérance et de ténacité pour continuer à faire face à l'adversité. Mais ne jamais abandonner est également une erreur. L'une des caractéristiques des personnes qui réussissent est qu'elles savent quand abandonner, et qu'elles le font au bon moment et pour les bonnes raisons. Parfois, abandonner n'est pas seulement l'approche la plus efficace. C'est le seul moyen de faire de réels progrès.

Cependant, tout comme la peur peut vous empêcher de commencer quelque chose, elle peut aussi vous pousser à continuer longtemps après qu'il soit évident que votre idée ne va pas marcher. Nous avons déjà vu que la volonté d'essayer de nouvelles choses est au cœur du changement positif. Parfois, cela signifie inévitablement l'échec de vos objectifs. Comment pouvez-vous vous assurer que vous ne perdez pas votre temps et vos efforts en persistant trop longtemps avec une idée improductive ?

Avant même de commencer à travailler sur votre nouvelle idée, vous devez avoir des objectifs et des points de contrôle clairs. Certaines idées nouvelles fonctionneront. D'autres ne le seront pas. Vous devez surmonter vos peurs afin d'éliminer les idées qui n'aboutiront pas. En prévoyant des points d'évaluation dès le début (des moments où vous vous asseyez et où vous vous demandez si vous avez atteint votre objectif), vous pourrez examiner objectivement les progrès réalisés.

Il est essentiel d'être objectif. La peur d'abandonner est tout aussi puissante que la peur d'échouer. En fait, ne pas abandonner quelque chose peut simplement être un moyen de retarder la reconnaissance de son échec. Cela peut signifier se tromper soi-même en pensant que l'on s'occupe de quelque chose alors que ce n'est pas le cas ou éviter la possibilité d'avoir l'air idiot. Le temps et l'énergie dont vous disposez sont limités et vous devez les dépenser là où ils sont le plus productifs. Vous devez examiner ce que vous faites et les progrès que vous avez réalisés et décider si le projet vaut la peine d'être poursuivi. Décider d'abandonner n'est pas facile. Vous avez un lien émotionnel avec cette nouvelle idée et vous voulez qu'elle réussisse. Abandonner ressemble à un échec. Cependant, l'abandon peut aussi apporter d'importantes opportunités d'apprentissage. Si vous essayez quelque chose et que cela ne fonctionne pas, demandez-vous pourquoi et ce que vous avez appris de cette expérience.

Les gagnants abandonnent. En fait, des études montrent que les personnes qui réussissent le mieux abandonnent plus souvent que les autres. Mais ils abandonnent pour les bonnes raisons et tirent des leçons de cette expérience. Ne laissez pas la peur vous piéger en continuant quelque chose longtemps après qu'il soit évident que vous n'obtiendrez pas ce que vous voulez.

Traiter les problèmes

La peur des problèmes, réels ou perçus, est un obstacle majeur au changement positif. Vous aimeriez faire de la musculation, mais vous n'arriverez probablement pas à trouver le temps. Vous aimeriez vous impliquer davantage dans l'informatique au travail, mais vous n'en savez pas assez sur les ordinateurs.

Tout comme la gestion de la peur elle-même, l'impact des problèmes peut être diminué en les affrontant et en essayant de les comprendre. Prenez le premier exemple ci-dessus. Vous voulez améliorer votre condition physique, mais vous pensez que trouver le temps nécessaire peut être un problème. Il y a deux choses auxquelles il faut penser ici. La première est d'ordre pratique. Qu'essayez-vous d'atteindre et combien de temps cela vous prendra-t-il chaque semaine ? Établissez un calendrier et voyez comment il s'intègre dans votre vie. Si cela vous semble trop, pourquoi ne pas essayer d'y consacrer un peu moins de temps ? Vous pouvez toujours améliorer votre forme physique en faisant moins d'exercice. Pouvez-vous remplacer la voiture par la marche ou garer la voiture plus loin et faire une partie du trajet à pied ? Concentrez-vous sur l'objectif - devenir plus en forme - et sur les avantages qui en découleront. Vous pouvez trouver le temps de vous y consacrer, même si vous êtes très occupé.

Cependant, tous les problèmes ne sont pas aussi pratiques que celui de savoir comment intégrer l'exercice physique dans un emploi du temps chargé, et tous ne peuvent être résolus aussi simplement. Souvent, notre perception des problèmes n'est rien d'autre qu'une peur cachée. Vous voulez être plus en forme, mais au fond de vous, vous avez peur de ne pas y arriver. Vous rationalisez en disant que vous n'avez pas le temps, mais en réalité le problème est votre peur de l'échec. Ne pas reconnaître l'importance d'émotions telles que la peur est une situation très courante, et c'est pourquoi examiner en détail les problèmes peut aider non seulement à les résoudre, mais aussi à révéler les sentiments sous-jacents qui peuvent se cacher derrière eux.

Il est important de reconnaître les uns et les autres. Les problèmes réels et pratiques sont susceptibles de trouver des solutions réelles et pratiques. Les problèmes perçus qui sont un masque de la peur ne peuvent être résolus qu'en les affrontant et en utilisant les techniques décrites précédemment pour faire face à la peur. Pour être certain de ce que vous affrontez, vous devez avoir conscience de vous-même et comprendre vos émotions. Lorsque vous êtes confronté à des problèmes perçus, le simple fait de les examiner en détail peut les faire disparaître.

Il existe plusieurs techniques reconnues pour examiner les problèmes pratiques. L'une des plus efficaces et des plus populaires est le "recadrage". Cette technique consiste à ne pas chercher immédiatement une solution au problème, mais à chercher des façons différentes de voir le problème. Le fait de considérer le problème d'une manière différente peut permettre d'identifier des solutions plus évidentes. Par exemple, si nous revenons sur le désir d'être plus en forme, le problème est que vous n'avez pas le temps d'aller à la salle de sport plusieurs fois par semaine. Si vous recadrez le problème en vous demandant "comment puis-je être plus en forme ?" au lieu de "comment puis-je trouver le temps d'aller à la salle de sport ?", il est plus facile de trouver une solution. Au lieu de chercher le temps d'aller à la salle de sport, vous pouvez réfléchir à la manière d'intégrer plus d'exercice dans votre vie quotidienne, en marchant plutôt qu'en utilisant la voiture, par exemple. En regardant simplement le problème d'une manière différente, en recadrant, une solution devient évidente.

Le célèbre scientifique Albert Einstein l'a bien résumé. On lui a demandé comment il abordait la résolution des problèmes et sa réponse a été la suivante :

"Si j'avais une heure pour résoudre un problème, je passerais 55 minutes à réfléchir au problème et cinq minutes à réfléchir aux solutions."

Passer du temps à examiner les problèmes afin de les voir différemment est un moyen efficace de trouver des solutions. Parfois, le simple fait de regarder un problème d'une manière différente peut le faire disparaître complètement. Apprendre à faire face aux problèmes avec confiance est une partie importante de la force mentale et un excellent moyen de réduire la peur.

Chapitre 4 : L'application précise de la volonté : Apprendre à penser comme un Royal Marine

Lorsque nous pensons à des personnes résistantes, nous sommes nombreux à penser aux soldats des forces spéciales. Cependant, nous pensons généralement en termes de dureté physique et de capacité à endurer des événements extrêmes. Pour les soldats des forces spéciales du monde entier, l'entraînement et la préparation mettent l'accent sur la résistance mentale tout autant que sur la préparation physique. Que pouvons-nous apprendre de leur entraînement qui puisse être appliqué au développement de la résistance mentale dans la vie quotidienne ?

Les Royal Marines

Les Royal Marines ont été créés en 1664 pour servir de soldats à bord des navires de guerre de la Royal Navy. Pendant la Seconde Guerre mondiale, les premières unités de commandos des Royal Marines ont été formées. Ces troupes des services spéciaux ont mené des raids sur l'Europe occupée. En 1950, les Royal Marines se sont entièrement consacrés aux commandos et les troupes portant le béret vert sont aujourd'hui considérées comme faisant partie des meilleurs soldats des services spéciaux au monde.

Ces troupes doivent apprendre à se battre dans des circonstances où elles sont loin des troupes alliées et souvent en infériorité numérique et en sous-effectif. Les cours de formation dispensés au centre d'entraînement des commandos de la Royal Marine à Lympstone, dans l'est du Devon, impliquent des défis physiques extrêmes, comme vous pouvez vous y attendre. Ces cours de formation sont également conçus pour développer la résistance mentale nécessaire pour réussir dans les circonstances les plus difficiles du champ de bataille. Une partie de cette formation consiste à apprendre aux recrues à gérer la peur. La réduction de la peur se fait souvent en plaçant les stagiaires dans des situations effrayantes telles que les hauteurs ou les espaces clos. Le fait d'être exposé à la peur de manière répétée réduit l'impact de cette peur, comme nous l'avons déjà évoqué dans le chapitre précédent. Les Royal Marines ne sont pas intrépides, ils apprennent à gérer la peur en l'affrontant, en la reconnaissant et en se préparant au pire résultat possible.

En outre, l'entraînement des Royal Marines met l'accent sur quatre qualités mentales : l'unité, l'adaptabilité, l'humilité et la fortitude[5]. Ces quatre qualités sont des éléments importants de la résistance mentale.

Unité

Le désintéressement est considéré comme une caractéristique primordiale des Royal Marines et, pendant l'entraînement, toutes les recrues sont censées aider et soutenir constamment leurs camarades Royal Marines. La dévotion désintéressée au succès de la mission et à la

---

[5] *L'éthos des Royal Marines : The Precise Application of Will*, Dr Anthony King, Département de sociologie, Université d'Exeter, 2004.

survie de l'unité prime sur la considération de soi. La pire condamnation qu'un Royal Marine puisse recevoir pendant la formation est d'être identifié comme un *"Jack"* égoïste, comme dans *"Je vais bien, Jack"*. Les *"Jacks"* terminent rarement leur formation parce qu'ils sont incapables de faire passer leurs propres besoins et désirs pour le bien collectif du groupe.

Êtes-vous un *"Jack"* ?

Beaucoup d'entre nous le sont. Certaines personnes considèrent à tort que l'égoïsme et la poursuite obstinée de l'intérêt personnel constituent une approche positive et même admirable de la vie. D'aucuns considèrent que ces attributs font preuve de dureté mentale. Or, c'est le contraire qui est vrai. L'égoïsme et la jalousie sont motivés par la peur et l'insécurité. Les personnes égoïstes semblent penser qu'il n'y a qu'une certaine quantité de succès disponible, et que si quelqu'un d'autre réussit, il en reste moins pour elles. Bien sûr, c'est une erreur. Être vraiment désintéressé, apporter son aide et son soutien là où c'est nécessaire, est un signe de confiance totale et d'assurance mentale.

Il en va exactement de même pour les athlètes qui réussissent. Dans son livre *The Way of The Champion*, le psychologue sportif Jerry Lynch note que les membres des équipes les plus performantes font régulièrement preuve d'une *"volonté inconditionnelle de faire passer l'équipe ou le groupe avant tout besoin individuel ou personnel.*[6]*"* Les

---

[6] *The Way of the Champion : Lessons from Sun Tzu's the Art of War and Other Tao Wisdom for Sports & Life,* Jerry Lynch Ph.D., Tuttle Publishing, 2006.

vrais gagnants n'envisagent pas chaque situation en se demandant "Qu'est-ce que j'y gagne ?" Ils réfléchissent aux moyens d'en faire profiter l'ensemble de l'équipe.

Mais vous n'appartenez pas à une unité de forces spéciales ou à une équipe sportive, alors comment leurs capacités s'appliquent-elles à votre vie quotidienne ? Très peu d'activités que vous entreprenez, qu'elles concernent votre carrière, vos relations ou même vos loisirs, se font seul. Vous aussi, vous travaillez au sein d'une équipe et si l'équipe est performante, vous en bénéficiez. Voyez cela comme un investissement financier. En vous efforçant de soutenir l'équipe plutôt que de vous occuper uniquement de vous-même, vous l'aidez à réussir. Lorsque l'équipe réussit, vous réussissez aussi, bien plus que vous ne pourriez le faire seul.

Un certain nombre d'études confirment que la solitude au travail est un problème croissant. Une étude réalisée en 2017 par la California State University et la Wharton School of Business[7] a interrogé plusieurs centaines de travailleurs et a révélé que le sentiment de solitude sur le lieu de travail était une cause première de retrait émotionnel et de mauvaises performances au travail. Des études similaires menées dans d'autres pays ont fait le même constat. Les travailleurs qui se sentent isolés et éloignés sur le plan émotionnel sont moins performants. En établissant des relations de soutien, vous pouvez réduire le sentiment

---

[7] *Work Loneliness and Employee Performance*, Ozcelik, H. et Barsade, S., California Sacramento University, College of Business Administration, 2018.

d'isolement des autres membres de l'équipe et contribuer à améliorer les performances globales.

Comme beaucoup des meilleurs investissements, vous ne verrez peut-être pas un retour immédiat. À long terme, travailler en équipe vous rapportera davantage. Vous vous souvenez que nous avons parlé de l'importance de retarder la gratification ? Plus vous donnez, plus vous recevrez en fin de compte. L'éthique d'unité de la Royal Marine exige un dévouement à l'équipe mais, en retour, elle offre un potentiel de réussite accru et une plus grande résistance mentale.

Ne soyez pas un *"Jack"*. Travaillez à développer l'altruisme. Devenez un facilitateur, en combinant la compassion avec la confiance nécessaire pour vous exprimer lorsque c'est nécessaire. Ne vous focalisez pas sur vous-même mais sur les personnes qui vous entourent et sur l'équipe à laquelle vous appartenez, qu'il s'agisse d'une famille, d'un groupe d'amis ou de collègues.

Adaptabilité

L'avenir est incertain, quel que soit le soin apporté à la planification. Gérer efficacement l'imprévu est encore plus important pour des organisations comme les Royal Marines. Il n'est pas surprenant que le deuxième élément de l'éthique des Royal Marines soit l'adaptabilité, la capacité à gérer efficacement l'imprévu.

Cependant, l'adaptabilité est importante dans d'autres domaines de la vie également. Les nouvelles technologies, les changements sociaux et les événements imprévus comme la pandémie du COVID 19 signifient que nous ne pouvons pas dire avec certitude à quoi ressemblera l'avenir. Chaque vie est également marquée par des changements importants. Il s'agit notamment de changements dans la carrière et les relations, de déménagements dans d'autres régions et de changements à plus long terme, comme devenir parent et prendre sa retraite. Tout ce dont nous pouvons être vraiment certains, c'est que l'avenir est incertain.

Le philosophe grec Héraclite l'a bien résumé il y a plus de deux mille ans :

"Personne ne marche jamais deux fois dans la même rivière, car ce n'est pas la même rivière, et ce n'est pas la même personne."

Pour beaucoup de gens, l'incertitude est effrayante, et la perspective du changement quelque chose à redouter. Les personnes qui réussissent le mieux, celles qui sont fortes mentalement, ne ressentent pas cela. Ils acceptent le changement et l'incertitude car ils savent qu'ils sont porteurs d'opportunités. La clé pour maintenir votre bien-être mental face au changement est l'adaptabilité. Qu'entend-on par là ? L'American Psychological Association (APA) donne une définition utile de l'adaptabilité : *"la capacité de réagir de manière appropriée à des situations modifiées ou changeantes ; la capacité de modifier ou d'ajuster son comportement en fonction de circonstances ou de personnes différentes.* [8]*"*

---

[8] *Dictionnaire APA de psychologie* (2ème édition). VandenBos, G. R. (Ed.). (2015), Association américaine de psychologie.

Comment développer un état d'esprit adaptable ? La capacité   d'adaptation dépend en grande partie de la façon dont vous envisagez et réagissez aux échecs et aux problèmes. Si vous apprenez à réagir efficacement aux échecs et à surmonter les problèmes, vous serez plus confiant face à l'incertitude. Mieux encore, si vous considérez l'échec comme une occasion d'apprendre, vous finirez par le voir comme une étape supplémentaire sur la voie du succès. Tout aussi importante est la capacité à rester optimiste, à considérer le changement et les défis comme temporaires et susceptibles d'être transformés à votre avantage.

Voir l'opportunité dans le changement et avoir la force mentale de rester optimiste sont les éléments les plus importants pour faire face à l'incertitude. Pour son livre *Crucibles of Leadership*, le professeur Robert J. Thomas de l'université de Georgetown a interrogé un certain nombre de dirigeants d'entreprise et du secteur public parmi les plus performants. Parmi les caractéristiques communes les plus remarquables qu'il a relevées figurent les "*capacités d'adaptation*", c'est-à-dire la capacité de voir l'incertitude dans un contexte positif et la résistance mentale nécessaire pour faire face au changement. Le professeur Thomas a également constaté que la capacité à gérer efficacement l'incertitude augmente la résistance mentale.

L'adaptabilité est l'une des clés pour faire face à un monde en constante évolution. Vous ne pouvez pas contrôler l'avenir qui vous attend, mais vous pouvez changer votre état d'esprit pour faire face plus efficacement à ce qu'il peut vous apporter. L'accent mis par les Royal Marines sur la capacité d'adaptation est aussi important pour le reste d'entre nous que pour les soldats des services spéciaux.

Humilité

La confiance en soi est un élément important de la force mentale. Vous devez apprendre à faire confiance à votre propre jugement et à suivre votre instinct. Cependant, si la confiance en soi se transforme en arrogance, elle devient inutile. L'arrogance implique l'acceptation que les choses sont aussi bonnes qu'elles peuvent l'être, que vous avez atteint un point où vous avez appris tout ce que vous pouviez. Cela conduit à un manque de progrès. Quelle que soit votre réussite, vous devez toujours rester ouvert à l'apprentissage et à l'amélioration. Vous devez faire preuve d'autocritique, rechercher de nouvelles pratiques et approches qui pourraient vous rendre encore plus efficace.

Être un membre efficace d'une équipe favorise l'*esprit de corps*, la fierté et la loyauté envers ce groupe. Cela ne doit pas conduire à l'arrogance, au sentiment que votre équipe est meilleure que les autres. Au sein des Royal Marines, la formation ne suggère jamais qu'une unité est meilleure qu'une autre. L'accent est mis sur l'importance d'opérer avec d'autres unités, chacune apportant ses propres forces et capacités à toute situation.

Un certain nombre d'études ont montré que l'humilité est associée à toutes sortes d'avantages, notamment :

- Un sens plus clair des objectifs de vie

- Augmentation de la productivité et de l'harmonie sur le lieu de travail
- De meilleures relations
- Des mariages plus durables
- Amélioration de la santé.

L'humilité est aussi directement liée à la création de communautés plus fortes. L'humilité est l'antidote de l'ego, la partie de notre esprit qui ne se préoccupe que de nous-mêmes. L'ego est puissant et, s'il n'est pas contrôlé, il peut dominer notre pensée et nous rendre arrogants et égoïstes.

Cependant, l'humilité dans le contexte de la force mentale implique un difficile exercice d'équilibre. Vous devez avoir la confiance en vous pour croire que vous pouvez réaliser tout ce que vous entreprenez. La confiance en soi doit être tempérée par la reconnaissance du fait que vous pouvez échouer de temps en temps et qu'il est toujours possible d'apprendre et de s'améliorer. Si vous voulez vous améliorer dans tout ce que vous faites, vous devez d'abord apprendre l'humilité. Ou, pour reprendre les mots du philosophe grec Socrate :

"La vraie connaissance consiste à savoir que l'on ne sait rien."

Beaucoup de gens confondent l'humilité avec la faiblesse et l'incertitude. C'est plutôt le contraire. C'est accepter que personne ne sera jamais parfait ou vraiment complet, que personne ne comprendra jamais tout. La force mentale consiste à considérer tout ce que vous accomplissez dans ce contexte, à reconnaître que, quelle que soit votre expérience ou vos connaissances, il y a toujours plus à apprendre. Cela signifie être prêt à demander de l'aide quand on en a besoin et à apprendre de ce que font les autres. Cela signifie qu'il faut vraiment écouter les autres, rechercher un retour d'information honnête et être reconnaissant de ce que l'on a.

La vie est un voyage, et la force mentale vous aide à progresser dans la direction que vous avez choisie. Si on laisse la force mentale se transformer en arrogance, elle peut devenir un obstacle. L'arrogance vous fera croire que vous avez progressé aussi loin que possible. La confiance tempérée par l'humilité vous permettra de continuer à progresser vers vos objectifs.

<u>Exercice 7 : faites un test d'humilité</u>

<u>Exercice 8 : Qu'as-tu appris aujourd'hui ?</u>

Fortitude

Le quatrième pilier de l'éthique des Royal Marines est la force morale, c'est-à-dire la capacité à persévérer face à l'adversité. Une grande partie de leur entraînement consiste à développer leur force morale en faisant face à des défis physiques et mentaux. On attend d'eux qu'ils accomplissent des performances alors qu'ils sont fatigués, qu'ils sont confrontés à des obstacles apparemment insurmontables et qu'ils font face à un danger extrême. Ils doivent le faire à maintes reprises. La force morale ne consiste pas en une seule performance exceptionnelle, mais en une performance constante et optimale, quelle que soit la situation.

Dans le contexte de la ténacité mentale, nous parlons principalement de force mentale plutôt que de force physique. Cette volonté de persévérer ne doit pas être confondue avec une insistance obstinée à continuer dans la même direction quoi qu'il arrive. Nous avons déjà discuté du fait que, parfois, reconnaître l'échec et passer à quelque chose de plus productif est la réponse la plus efficace. La force mentale consiste à continuer à travailler pour atteindre vos objectifs, quoi qu'il arrive.

L'un des éléments les plus importants de la force mentale est l'optimisme. Vous ne devez pas vous laisser aller à des pensées pessimistes et à douter de vous-même. Il y aura des moments où des choses se produiront que vous n'auriez pas souhaité voir se produire, ou des moments où vous prendrez des décisions qui se révéleront plus tard être des erreurs. Si vous faites une fixation sur ces événements, vous ne serez pas en mesure de prendre des mesures efficaces. Au contraire, vous devez être capable d'apprendre et d'aller de l'avant, en laissant ces erreurs derrière vous. Votre attitude détermine vos performances. Vous devez constamment gérer vos émotions et rechercher des facteurs positifs, même dans l'échec et l'adversité.

Les personnes qui ont le mieux réussi, celles qui ont eu le plus grand impact sur le monde, ne sont pas nécessairement les plus intelligentes, les plus fortes ou les plus instruites. Ce sont presque toujours des personnes qui font preuve d'un courage extrême face à l'adversité. Prenons l'exemple d'un homme né dans une extrême pauvreté, qui avait deux entreprises en faillite et s'était présenté à des élections locales et nationales et avait été battu huit fois. Le même homme a fait une dépression nerveuse après la mort soudaine de son amour de jeunesse. Cet homme avait affronté le genre d'adversité que la plupart d'entre nous ne connaîtront jamais. Il s'appelait Abraham Lincoln et, à l'âge de 51 ans, il est devenu le 16ème président des États-Unis.

Lincoln a contribué à définir l'histoire du XIXe siècle et est devenu l'un des dirigeants mondiaux les plus célèbres. Il a été aidé par la passion, la confiance en soi et l'intelligence, mais par-dessus tout, son succès est dû à la force d'âme dont il a fait preuve pour surmonter l'adversité.

Pour avoir la force mentale d'un Royal Marine, vous devez faire preuve d'unité, d'adaptabilité et d'humilité. Même si vous avez tous ces attributs, si vous n'avez pas la force de continuer à avancer lorsque vous rencontrez des problèmes, vous n'atteindrez jamais ce que vous vous êtes fixé.

Chapitre 5 : Développer la force mentale

Jusqu'à présent, ce livre a permis de comprendre ce qu'est la résistance mentale et pourquoi elle est importante. Il est maintenant temps de passer de la théorie à l'application de ces connaissances dans votre vie. Il est temps d'arrêter de penser à la force mentale et de commencer à la mettre en pratique. Avant de commencer, posez-vous une question fondamentale :

Voulez-vous vous développer ?

Développer la force mentale ne sera pas facile. Il faudra du temps et des efforts. J'espère que vous comprenez maintenant les avantages de la force mentale, mais votre désir de vous développer et de vous améliorer est-il assez fort ?

Personne d'autre ne peut développer la force mentale à votre place. Vous devez être capable de trouver les ressources mentales nécessaires pour continuer. Êtes-vous suffisamment motivé pour le faire ?

Si vous n'en êtes pas certain, nous allons nous pencher sur l'un des piliers de la force mentale : la fixation d'objectifs. Avoir des objectifs clairs vous donne la motivation nécessaire pour continuer et vous permet d'évaluer vos progrès.

Fixer des objectifs

Les personnes qui réussissent le mieux ne se contentent pas de dériver dans la vie, en trébuchant sur des opportunités par hasard. Au contraire, ils ont des objectifs clairs et définis qu'ils s'efforcent d'atteindre. Ils consacrent tout leur temps et tous leurs efforts à la réalisation de ces objectifs. Ce dévouement est l'une des différences les plus importantes entre les personnes qui réussissent et celles qui échouent.

Prenez l'exemple d'un entrepreneur à succès. Enfant, il a reçu un jouet moulé sous pression, une Porsche 911. Il aimait tellement cette voiture qu'il a décidé qu'il voulait en posséder une vraie avant l'âge de trente-cinq ans. Lorsqu'il a quitté l'école, il a gardé le jouet et l'a placé sur son bureau où il pouvait le voir. Il est devenu sa principale motivation. Lorsqu'il était fatigué, découragé ou simplement déconcentré, le fait de jeter un coup d'œil à ce modèle réduit brillant de voiture lui rappelait son objectif et le revigorait.

Il a gagné suffisamment d'argent pour s'acheter une magnifique Porsche 911 argentée quelques mois avant son 35e anniversaire. Il a maintenant une soixantaine d'années et possède une série d'entreprises prospères. Il possède toujours cette 911 parce qu'elle lui rappelle la nécessité de se concentrer pour obtenir ce que l'on veut. Sans cette voiture comme objectif, il admet volontiers qu'il n'aurait jamais trouvé la concentration nécessaire pour atteindre le succès.

S'efforcer de posséder une voiture de sport peut ne pas sembler être un objectif particulièrement admirable (et il n'a jamais parlé à personne de son désir de posséder une Porsche à l'époque). Les objectifs sont personnels, et s'ils vous permettent de rester concentré, c'est une chose positive. Même des objectifs apparemment égoïstes peuvent également profiter à d'autres personnes. Cet entrepreneur était motivé par son désir de posséder une Porsche. Mais sur la voie de la réalisation de cet objectif, il a créé plusieurs entreprises qui ont fourni de l'emploi à un certain nombre de personnes et est devenu suffisamment riche pour faire régulièrement des dons à des organisations caritatives. Son objectif était tout à fait égoïste, mais l'attention qu'il a portée à sa cause lui a apporté des éléments positifs en cours de route.

Votre objectif ne doit pas nécessairement être de vous acheter une voiture de luxe ou de gagner beaucoup d'argent. Cependant, si vous voulez réussir, vous devez avoir un ou plusieurs objectifs personnels clairs.

Les objectifs ne sont pas que de vagues aspirations. Pour être efficaces, les objectifs doivent être SMART. Cet acronyme est largement utilisé dans le monde des affaires et signifie :

- **Spécifique** (simple, sensible, significatif)

- **Mesurable** (sensé, motivant)

- **Atteignable** (convenu, réalisable)

- **Réaliste** (raisonnable, pertinent et doté de ressources, axé sur les résultats)

- **Temporellement défini** (avec une date de fin précise)

Examinons ces exigences :

La **spécificité** est assez évidente. Vous devez être capable de dire quand vous avez atteint un objectif. "Je veux être heureux" est compréhensible comme objectif, par exemple, mais c'est trop vague. Il n'y aura jamais un moment dans votre vie où vous serez toujours heureux. Vous ne pouvez pas dire quand vous avez atteint cet objectif. Vous devez réfléchir à ce qui vous rendra heureux et creuser davantage pour trouver des objectifs spécifiques. Peut-être qu'être heureux signifie être libéré des soucis d'argent. C'est plus clair, mais ce qui est encore mieux, c'est un objectif spécifique comme "Je serai libéré de toute dette".

Mesurable est également simple. Encore une fois, un objectif vague ne fonctionnera pas. Par exemple, vous ne pouvez pas mesurer des concepts comme le "bonheur" ou les "soucis". "Je serai libéré de toute dette" est bien meilleur car vous pouvez clairement mesurer quand vous avez atteint cet objectif.

Atteignable signifie exactement ce que cela veut dire. Vos objectifs sont les éléments qui vous motivent et vous permettent de rester concentré. Mais s'ils ne sont pas réalisables, ils ne feront que vous décourager et vous déconcentrer. Soyez donc réaliste. Pouvez-vous vraiment atteindre ce que vous vous êtes fixé comme objectif ? Voyez-vous un chemin clair et défini qui utilise les compétences et l'expérience que vous avez (ou que vous pouvez acquérir) pour atteindre votre objectif ? Si ce n'est pas le cas, il n'est probablement pas réalisable.

Réaliste consiste à déterminer si l'objectif est vraiment important pour vous. Est-ce quelque chose que vous voulez vraiment et pour lequel vous êtes prêt à consacrer du temps et des efforts ? La réalisation de cet objectif vous motivera-t-elle ?

Temporellement défini signifie fixer une date limite pour la réalisation de l'objectif. Cette date limite vous aide à rester concentré et vous donne une raison de travailler. Ainsi, "Je n'aurai plus de dettes dans trois ans" est un objectif encore meilleur.

Pour être plus efficaces, les objectifs doivent toujours être positifs. "Je vais suivre une formation pour être plus efficace au travail" est un objectif positif. "Je veux faire moins de bêtises" n'en est pas un. Les objectifs positifs favorisent un état d'esprit positif et, comme nous l'avons déjà dit, la pensée positive est un élément important du développement de la force mentale. Les objectifs sont également importants parce qu'ils vous aident à ne pas vous reposer sur une validation externe. Nous sommes nombreux à juger de nos performances en écoutant l'opinion des autres. L'opinion des autres est fiable parce que les autres n'ont pas toujours nos meilleurs intérêts à l'esprit. Les objectifs personnels vous donnent un moyen objectif d'évaluer vos progrès et vous permettent d'ignorer ou de négliger plus facilement les conseils et les opinions inutiles.

Vous devez également vous approprier vos objectifs. N'oubliez pas que ces objectifs ne sont pas destinés à impressionner d'autres personnes. Ils doivent être des objectifs qui comptent vraiment pour vous. Si vous adoptez un objectif parce que vous pensez que vous devez le faire, vous ne fournirez jamais les efforts nécessaires pour l'atteindre. Prenons l'exemple de la perte de poids. Beaucoup d'entre nous pensent probablement qu'ils pourraient perdre quelques kilos, mais cet objectif est-il vraiment assez important pour nous pour être un objectif ? Beaucoup d'entre nous ont commencé un régime ou essayé d'adopter des habitudes alimentaires saines, mais n'ont pas réussi à le suivre. Nous attribuons généralement ces échecs à un manque de volonté ou d'autodiscipline, mais la véritable cause est souvent que nous ne sommes pas pleinement engagés envers un objectif particulier. Si ce n'est pas le cas, cet objectif ne nous fournira pas la motivation dont nous avons besoin.

Vos objectifs doivent vraiment compter pour vous. Que cela signifie sauver le monde ou posséder une voiture de sport rutilante dépend de vos intérêts. Soyez absolument et complètement honnête avec vous-même lorsque vous vous fixez des objectifs personnels.

Avoir des objectifs ne créera pas la force mentale. Mais ces objectifs vous aideront à faire et à maintenir l'effort nécessaire pour atteindre la force mentale. Sans objectif, vous êtes à la dérive et perdu. Avec des objectifs, vous avez une feuille de route pour le voyage à venir et une forte motivation pour atteindre votre destination.

Exercice 9 : fixer des objectifs personnels

Les rêves ne sont pas des objectifs

Avant de poursuivre, nous devons mentionner brièvement une distinction importante entre les rêves et les objectifs. "Suivez votre rêve" est un conseil que vous avez peut-être entendu, et qui semble correct mais, en vérité, il n'est ni utile ni généralement réalisable. Les rêves sont de vagues aspirations. Nous entendons des histoires sur des personnes qui ont suivi un rêve pour créer une entreprise prospère ou trouver le succès dans un autre domaine. Le problème, c'est que nous n'entendons parler que des personnes qui réussissent, et non de celles, bien plus nombreuses, qui finissent sans le sou et désillusionnées parce qu'elles poursuivent un rêve sans espoir.

Les rêves sont précieux. Ils sont source de passion, d'engagement et d'espoir. Si vous confondez rêves et objectifs, vous courrez probablement à la catastrophe. Comment faire la différence ? Les objectifs sont SMART. En d'autres termes, si vous vérifiez qu'ils sont spécifiques, mesurables, réalisables, pertinents et datés, vous obtiendrez des réponses claires et précises. Les rêves ne sont pas SMART, et vous ne pouvez pas définir un chemin clair pour les atteindre. N'abandonnez pas vos rêves, mais ne les confondez pas avec les objectifs qui vous permettront de vous concentrer et de vous engager chaque jour.

Tuer l'apitoiement

L'apitoiement, le fait de s'apitoyer sur soi-même et le sentiment que tous les problèmes auxquels vous êtes confronté ne sont pas de votre faute sont les principaux ennemis de la force mentale. Si vous voulez devenir mentalement fort, vous devez bannir l'apitoiement sur vous-même.

Les personnes fortes mentalement contrôlent leur vie. Elles connaissent à la fois leurs forces et leurs faiblesses, et elles utilisent ces connaissances pour atteindre leurs objectifs. En cas d'échec, elles en acceptent la responsabilité, tirent les leçons du processus et vont de l'avant. Les personnes qui s'apitoient sur elles-mêmes blâment les autres, les circonstances ou le monde en général lorsque les choses vont mal. Elles considèrent que leur place dans la vie est passive et se plaignent souvent avec véhémence de cette situation. Pensez aux personnes que vous connaissez qui passent beaucoup de temps à se plaindre. Sont-elles des personnes qui ont réussi ? En général, la réponse est non. Les personnes qui s'apitoient sur leur sort sont beaucoup plus susceptibles d'abandonner lorsqu'elles sont confrontées à des défis, tout simplement parce qu'elles ne voient pas qu'elles ont la capacité de changer les choses. Les personnes qui se plaignent manquent généralement de force mentale, et les personnes qui réussissent ne se plaignent généralement pas, même lorsqu'elles sont confrontées à l'adversité.

L'apitoiement est un choix que l'on fait, et non un don de naissance. C'est une façon de penser qui peut s'ancrer profondément dans votre personnalité et miner tout ce que vous faites. Si vous vous surprenez à vous plaindre, arrêtez. Se plaindre ne change rien. Elle ne fait que renforcer l'idée que vous avez affaire à des forces qui échappent à votre contrôle et indique aux autres que vous avez une attitude passive.

Si vous êtes mécontent de quelque chose, pensez plutôt à ce que vous pouvez faire pour changer la situation. Prenez des mesures pour que ces choses se produisent. Si l'attitude ou le comportement de quelqu'un vous cause des problèmes, dites-le lui, d'une manière qui ne le laissera pas se sentir rancunier et en colère. Si les circonstances vous empêchent d'accomplir quelque chose, réfléchissez à la façon dont vous pouvez apporter des changements pour améliorer la situation. Si ce n'est pas possible, essayez de recadrer le problème. Pouvez-vous transformer ce que vous essayez de réaliser en quelque chose de possible ?

Et surtout, soyez actif et ne vous plaignez pas. Si vous ressentez un soudain pincement au cœur lorsque les choses vont mal, il existe un antidote : la gratitude. La plupart d'entre nous, et en particulier ceux qui vivent dans le monde développé, ont beaucoup de raisons d'être reconnaissants. Il s'agit souvent de circonstances que nous considérons comme acquises ou auxquelles nous ne pensons pas du tout. Prenez un moment pour réfléchir à ce qui vous fait ressentir de la gratitude.

<u>Exercice 10 : les choses dont on peut être reconnaissant</u>

Volonté et autodiscipline

Vous allez avoir besoin à la fois de volonté et d'autodiscipline pour développer l'habitude de la force mentale. Il est bon de prendre un moment pour discuter de ce que nous entendons par ces termes car, bien qu'ils soient souvent utilisés comme synonymes, ils sont nettement différents.

La volonté est la capacité de différer la satisfaction de tentations à court terme afin d'atteindre des objectifs à long terme. Lorsque vous ne mangez pas d'en-cas sucré parce que vous suivez un régime, c'est de la volonté. La volonté est importante, et c'est une chose dont beaucoup d'entre nous ont l'impression de manquer. Les personnes interrogées dans le cadre de l'*enquête* annuelle *sur le stress en Amérique* (menée par l'*American Psychological Association)* citent régulièrement le manque de volonté comme la principale raison pour laquelle elles ne parviennent pas à persévérer dans des changements positifs dans leur vie. De nombreuses personnes pensent que la volonté est une ressource limitée, comme le carburant dans le réservoir d'une voiture. Au fil des jours, vous épuisez votre réserve de volonté et il devient de plus en plus difficile de résister à la tentation.

L'autodiscipline est similaire, mais il ne s'agit pas de résister à la tentation. Il s'agit plutôt de prendre des décisions qui favorisent directement la réalisation d'un objectif à long terme. On croit souvent à tort que l'autodiscipline est quelque chose de désagréable, voire d'obsessionnel, mais ce n'est pas le cas. Il s'agit de prendre le contrôle et de prendre des décisions qui soutiennent vos objectifs à long terme. La volonté peut diminuer chaque jour, mais l'autodiscipline est toujours là pour la remplacer. Lorsque vous disposez à la fois de la volonté et de l'autodiscipline, vous serez toujours en mesure de trouver la capacité de continuer quoi qu'il arrive.

Ni la volonté ni l'autodiscipline ne sont inhérentes. Toutes deux peuvent être développées et renforcées par la répétition. Elles sont toutes deux étroitement liées à l'existence d'objectifs à long terme. Vous ne pouvez pas prendre de décisions qui soutiennent votre avenir à long terme si vous ne savez pas à quoi vous voulez que cet avenir ressemble. Les deux sont également étroitement associés à la capacité de retarder la gratification, c'est-à-dire la capacité de rejeter une tentation immédiate afin de progresser vers un objectif à long terme. Que pouvez-vous faire pour renforcer votre volonté et votre autodiscipline ? Voici quatre stratégies éprouvées :

> **Supprimez les distractions et les tentations.** Il est plus facile de résister aux tentations lorsque vous les supprimez de votre environnement immédiat. Si vous avez un problème avec la malbouffe, par exemple, débarrassez-vous de toute la malbouffe qui se trouve dans votre réfrigérateur et faites en sorte qu'il n'y ait pas de snacks dans votre espace de travail. Si vous êtes tenté de passer vos soirées et vos week-ends avachis devant la télévision plutôt que de faire quelque chose de productif, n'allumez pas automatiquement la télévision dès que vous entrez dans la maison. Trouvez un endroit pour travailler où vous ne pouvez pas voir le poste. Faites de la télévision une récompense, quelque chose que vous faites après avoir accompli une tâche.

Élaborez un plan. Réfléchissez à la manière dont vous pouvez développer votre volonté et votre autodiscipline. Par exemple, le stress et la fatigue peuvent vous amener à prendre des décisions instinctives basées sur la satisfaction d'une gratification à court terme. L'exercice réduit le stress et vous rend moins sujet à la fatigue. Faites un plan qui inclut l'exercice dans votre routine quotidienne. Prenez des repas réguliers, petits et sains. Des taux de glycémie trop bas ou trop élevés peuvent réduire la volonté et l'autodiscipline.

N'**essayez pas d'en faire trop, trop vite.** Vous ne pouvez pas transformer la paresse en un engagement absolu du jour au lendemain. La volonté et l'autodiscipline peuvent devenir des habitudes (et nous parlerons plus en détail de la formation d'habitudes positives un peu plus tard), mais ces nouvelles habitudes prennent du temps à se former. Prévoyez plutôt de prendre de petites mesures cohérentes sur une période de plusieurs semaines ou mois. Célébrez vos progrès et apprenez à reconnaître que la volonté et l'autodiscipline ne sont pas des choses désagréables que vous devez supporter. Ce sont des signes qui montrent que vous avez vraiment le contrôle de votre vie.

Apprenez à vous concentrer. Si vous pouvez consacrer 100 % de votre attention à ce que vous êtes en train de faire, non seulement vous serez plus performant, mais vous serez beaucoup moins susceptible d'être distrait ou de céder à la tentation. Comment apprendre à se concentrer ? En le faisant ! Divisez votre journée en segments où vous vous occupez d'une seule question. Concentrez-vous sur cette question et rien d'autre jusqu'à ce qu'elle soit résolue. Ne faites pas de pauses, sauf entre les segments, et prévoyez des pauses pour manger et faire de l'exercice. Prendre le temps de faire de l'exercice, une marche rapide ou une collation saine n'est pas une perte de temps. L'exercice et une alimentation saine améliorent votre capacité de concentration et renforcent votre volonté et votre autodiscipline.

Exercice 11 : volonté et autodiscipline

Accepter l'ennui est la clé de la maîtrise.

La maîtrise de toute activité implique l'ennui. Que vous souhaitiez apprendre à jouer d'un instrument de musique, à peindre, à écrire, à pratiquer un nouveau sport ou simplement à vous améliorer dans ce que vous faites déjà, vous devez passer du temps à vous entraîner. Vous devez répéter cette activité encore et encore jusqu'à ce que vous puissiez la faire sans réfléchir. Pour beaucoup de gens, l'idée de faire la même chose de manière répétée semble ennuyeuse et ils trouvent cela rebutant. Mais la force mentale exige de se lier d'amitié avec la répétition et d'apprendre non pas à l'éviter mais à l'adopter.

Commencez par accepter que pour bien faire quelque chose, il faut répéter sans cesse. Quel que soit votre talent naturel ou vos capacités innées, cette idée est vraie. Elle s'applique même aux activités créatives que nous considérons comme spontanées, comme l'écriture et la peinture. L'auteur dont vous aimez les livres ne s'est pas levé un matin en disant : "Je pense que je vais écrire un livre". Ils ont passé des années à perfectionner leur art, écrivant jour après jour jusqu'à ce qu'ils soient capables d'écrire d'une manière engageante et divertissante. Prenez l'exemple de l'artiste Pablo Picasso. En regardant ses peintures cubistes et surréalistes, on pourrait penser qu'elles ont été réalisées dans un élan d'inspiration soudain et sans grande réflexion préalable. Cependant, avant même de penser à peindre d'une manière aussi novatrice, Picasso a passé 17 ans à apprendre les techniques de la peinture conventionnelle. Ce n'est que lorsqu'il a acquis une maîtrise absolue de ces techniques qu'il est passé à des peintures qui semblent avoir été créées spontanément.

Quels que soient les talents innés dont vous disposez, la maîtrise d'une nouvelle compétence exige du temps et de la répétition.

Vous devez maîtriser les éléments de tout métier que vous pratiquez. La maîtrise n'impliquera probablement pas une grande créativité, mais même si nous parlons des compétences liées à l'utilisation de feuilles de calcul ou de logiciels de comptabilité, il est essentiel que vous les possédiez. Pourquoi ? Parce que la maîtrise est une condition préalable essentielle pour avoir confiance en vos compétences et capacités. Sans cette confiance, vous ne parviendrez jamais à atteindre la force mentale.

Comment se sentir à l'aise avec l'ennui ? La première étape consiste à reconnaître que l'on s'ennuie. Notre cerveau aime être stimulé par de nouvelles choses et, si nous sommes confrontés à une tâche familière, nous risquons de voir notre esprit dériver. Nous pouvons essayer de trouver des excuses pour ne pas faire cette activité. Ces réactions face à des tâches familières sont normales mais, une fois que vous reconnaissez que vous vous ennuyez (ou que vous essayez d'éviter ce sentiment), vous pouvez commencer à gérer les émotions que cela entraîne.

Avoir les objectifs personnels dont nous avons parlé plus haut aide beaucoup à lutter contre l'ennui. Si vous avez l'équivalent d'une Porsche jouet sur votre bureau, cela vous rappelle pourquoi vous faites ce que vous faites et vous donne la motivation de continuer. Vous pouvez également vous rappeler que chaque répétition d'une tâche banale vous rapproche de la maîtrise.

Il existe également des stratégies simples pour rendre les tâches répétées un peu plus faciles. Chronométrez-vous sur ces tâches, et transformez-les en un jeu pour essayer de battre votre propre record. Accordez-vous une petite récompense si vous réussissez. Essayez de programmer votre journée en alternant les tâches familières et les nouvelles. Essayez la méditation. Vous n'avez pas besoin de quitter votre bureau et d'adopter une position de lotus sur le sol. Des études ont montré que prendre ne serait-ce que deux minutes pour ne rien faire d'autre que s'asseoir et se concentrer complètement sur sa respiration peut réduire le stress et augmenter la concentration.

Rappelez-vous que, aussi improbable que cela puisse paraître, l'ennui peut en fait stimuler la créativité. Une étude réalisée en 2014 par l'Université de Central

Lancashire[9] a pris deux groupes de cobayes. Un groupe s'est vu confier une tâche stimulante, écrire sur quelque chose de nouveau. L'autre groupe s'est vu confier une tâche ennuyeuse. On leur a demandé de copier des numéros dans un annuaire téléphonique. Immédiatement après, on a demandé aux deux groupes d'accomplir une tâche qui exigeait de la créativité et une pensée originale. Le groupe qui avait participé à la tâche ennuyeuse au préalable a systématiquement obtenu de meilleurs résultats. C'est pourquoi le fait d'intercaler des tâches ennuyeuses avec des tâches qui demandent de la créativité peut s'avérer très efficace.

Endurer l'ennui est temporaire. Le succès ne l'est pas.

Vous remarquerez que nous n'avons pas parlé du fait de s'ennuyer parce que vous n'avez rien à faire. La raison en est simple : Si vous avez des objectifs clairs, soutenus par la volonté et l'autodiscipline, vous <u>n'aurez jamais</u> rien à faire. Il y a toujours quelque chose que vous pouvez faire pour vous rapprocher de vos objectifs. Lisez comment d'autres personnes ont réussi, apprenez de nouvelles compétences ou faites simplement des tâches ménagères pour vaincre la paresse et renforcer la volonté et l'autodiscipline.

<u>Exercice 12 : l'ennui</u>

Est-ce le bon moment pour abandonner ?

---

[9] *Le fait de s'ennuyer nous rend-il plus créatifs ?* Mann, Sandi et Cadman, Rebekah, Université de Central Lancashire, Creativity Research Journal, 2014.

Nous avons déjà parlé de la gestion de l'échec et de la valeur de la persévérance, mais nous devons également parler de la nécessité de savoir quand abandonner. Les personnes fortes mentalement savent comment continuer à faire face à l'adversité, mais elles savent aussi quel est le bon moment pour abandonner. Cette stratégie, connue sous le nom d'abandon intelligent, est un attribut important des personnes qui réussissent le mieux. En 2008, deux psychologues américaines, Heather Lench et Linda Levine, ont mené une expérience fascinante[10] sur l'intérêt d'abandonner. On a demandé à des sujets de répondre à un certain nombre d'anagrammes. Le test était chronométré et les participants devaient remplir les anagrammes dans l'ordre. Cependant, la première anagramme était insoluble. Les seules personnes qui ont obtenu de bons résultats sont celles qui ont abandonné la première anagramme et ont continué avec les autres. Les sujets ayant des objectifs positifs visant à atteindre le succès ont obtenu de bons résultats de manière constante. Ceux qui avaient des objectifs négatifs visant à éviter l'échec restaient souvent bloqués sur la première anagramme.

Avoir des objectifs positifs est un contexte important pour pouvoir abandonner, mais vous devez aussi vous assurer que vous le faite pour les bonnes raisons. Abandonner parce que vous êtes fatigué ou parce que continuer semble difficile n'est jamais une bonne idée. Abandonner en raison d'une réaction émotionnelle à des revers ou parce que

---

[10] *Objectifs et réponses à l'échec : Knowing when to hold them and when to fold them*, par Heather C. Lench et Linda J. Levine, Motivation and Emotion, 2008.

vous vous inquiétez de ce que les autres vont penser n'est pas non plus utile. À l'inverse, ne pas abandonner parce que vous avez peur de l'échec ou de l'opinion des autres ou parce que vous avez déjà investi beaucoup de temps et d'efforts dans quelque chose (le "coût irrécupérable") n'est pas utile non plus.

Au lieu de cela, vous devez jeter un regard objectif sur les progrès ou l'absence de progrès. Vous devez réfléchir à la manière dont vos efforts actuels contribuent à la réalisation de vos objectifs. Vous devez vous demander si votre temps et vos efforts ne seraient pas mieux employés dans un autre domaine. Surtout, vous devez voir que le fait d'abandonner n'équivaut pas à un échec, tant que vous tirez des leçons de l'expérience. La persévérance est importante, mais la véritable force mentale consiste à reconnaître le moment où recentrer son énergie sur quelque chose de différent est la meilleure façon d'avancer.

<u>Exercice 13 : savoir quand abandonner</u>

Rendre votre voix intérieure positive

Nous avons tous une voix intérieure qui commente constamment notre vie. Nous nous habituons tellement à cette voix que nous ne l'entendons plus. Parfois, il faut un effort conscient pour entendre ce que dit la voix intérieure. Certaines personnes trouvent que la méditation est un bon moyen d'apprendre à entendre cette voix intérieure. Si nous pouvons écouter ce qu'elle dit, cette voix est très souvent critique et négative, sapant notre confiance et se moquant de nos efforts pour changer. Quels que soient nos efforts, la voix peut nous dire que nous ne réussirons jamais, que nous ne sommes tout simplement pas assez bons. D'où vient-elle ? Personne n'en est sûr, mais la plupart des experts pensent qu'elle trouve son origine dans l'enfance. Tout le monde a cette voix intérieure, même les personnes les plus confiantes et les plus fortes mentalement. Elle devient un problème si vous la laissez contrôler votre comportement. Cette voix intérieure peut être à l'opposé de la force mentale, mais la bonne nouvelle est que vous pouvez apprendre à en être plus conscient et à reconnaître ce qu'elle dit comme faux et inutile.

La première étape pour réduire l'impact de votre critique intérieur est d'écouter réellement ce qu'il dit. Lorsque nous nous efforçons de nous améliorer, la voix intérieure peut nous murmurer que nous ne réussirons jamais. Lorsque nous essayons de réussir quelque chose de nouveau, elle peut nous dire que nous échouons toujours. Cette voix intérieure peut être utile, car elle nous aide à réguler notre comportement et à ne pas répéter nos erreurs passées. Mais elle s'enferme souvent dans des schémas négatifs qui peuvent miner tout ce que nous faisons. Si vous surprenez votre voix intérieure à vous dire quelque chose de négatif, arrêtez-vous un instant pour examiner objectivement ce qu'elle vous dit.

L'échec est souvent un point de mire pour le critique intérieur. Il adore évoquer les échecs passés et s'en servir comme preuve que vous êtes susceptible d'échouer à nouveau. Mais, comme nous l'avons dit, il ne faut pas avoir peur de l'échec. Si vous écoutez cette voix intérieure, vous n'essaierez jamais rien qui comporte un risque d'échec, ce qui signifie essentiellement ne jamais rien essayer du tout. Si vous apprenez à considérer l'échec comme une opportunité et une étape vers le succès éventuel, cette étape minimisera l'effet de votre voix intérieure. De nombreuses choses que votre critique intérieur vous dira peuvent être contrées de cette manière, en les examinant objectivement et en pesant les preuves. Pour réussir, votre critique intérieur dépend d'une réponse émotionnelle à ce qu'il dit. Si vous pouvez utiliser la logique et l'analyse pour atténuer cette réponse, vous réduisez l'impact négatif de la voix.

Il est également important d'examiner les personnes avec lesquelles vous passez du temps et de considérer l'effet qu'elles ont sur votre état d'esprit. Certaines personnes sont si implacablement négatives et pessimistes qu'elles ressemblent beaucoup à votre critique intérieur. En fait, votre critique intérieur s'emparera de ce que ces personnes disent, en vous disant "Regardez - j'avais raison !". Connaissez-vous quelqu'un comme ça ? Si oui, vous devriez peut-être passer moins de temps avec eux. Leur pessimisme peut être contagieux ! Cherchez plutôt des personnes qui partagent votre optimisme et votre vision positive.

Penser à d'autres personnes peut être un autre bon moyen de faire face à votre critique intérieur. Imaginez qu'un ami vienne vous voir et vous explique comment une voix intérieure négative le fait douter de ses capacités et abandonner ses projets. Que lui conseilleriez-vous ? Vous essayeriez probablement de comprendre ce que le critique intérieur met en péril, puis vous utiliseriez la logique pour souligner les points forts de cette personne et la façon dont elle pourrait les utiliser pour surmonter les problèmes potentiels. Une partie du problème est qu'il est beaucoup plus facile pour nous de voir l'évidence chez les autres que chez nous-mêmes, et la plupart d'entre nous trouvent plus facile d'être compatissant envers les autres qu'envers nous-mêmes.

Une autre stratégie pour faire face à une critique intérieure négative consiste à utiliser une approche psychologique connue sous le nom de "défenseur sage". Cette approche consiste à visualiser une personne. Il peut s'agir d'un membre de la famille, d'un ami, de quelqu'un que vous connaissez (ou avez connu) ou même d'un personnage historique dont vous admirez les réalisations. L'identité de cette personne n'est pas importante. Cette personne visualisée doit être sage, compatissante, gentille, d'un grand soutien, et elle doit vraiment se soucier et vouloir le meilleur pour vous. Il doit également s'agir d'une personne dont vous respectez les opinions et les conseils. Imaginez que vous décriviez une situation à cette personne. Comment réagirait-elle et que vous conseillerait-elle de faire ? Les conseils de ce sage défenseur seront toujours positifs et dans votre intérêt. Visualiser ce qu'elle vous conseillerait peut être un antidote puissant aux messages négatifs de votre critique intérieur.

Cette voix intérieure remplit une fonction utile : elle contribue à éviter les comportements compulsifs en nous amenant à nous interroger sur ce que nous envisageons de faire et à nous demander si c'est vraiment une bonne idée. Elle devient un problème pour de nombreuses personnes lorsqu'elle devient implacablement pessimiste et peu encourageante, sapant notre confiance et notre volonté d'essayer de nouvelles choses. Vous devez apprendre à écouter ce que dit cette voix intérieure. En faisant cela, vous pourrez commencer à reconnaître quand elle vous donne de mauvais conseils. En utilisant les conseils de votre sage défenseur, vous pourrez en atténuer l'impact.

<u>Exercice 14 : Entendre etdirigervotre critique   intérieur</u>

<u>Exercice 14 : Entendre et diriger votre critique intérieur</u>

Instaurer l'habitude de la ténacité mentale

Les habitudes sont de puissants moteurs du comportement humain. Elles sont à l'origine d'une plus grande partie de nos actes quotidiens que la plupart d'entre nous ne le pensent. Mais qu'est-ce qu'une habitude ? En général, il s'agit de comportements que nous faisons sans pensée consciente ni planification. Elles peuvent être utiles car nous n'avons pas à réfléchir à des tâches souvent répétées. Prenez par exemple votre trajet matinal vers le travail. Vous vous rendez de votre domicile à votre lieu de travail et, pour la plupart des gens, pendant ce trajet, ils ne pensent pas une seule fois à combien tourner le volant ou à quel moment appuyer sur l'accélérateur. Il s'agit d'actions habituelles auxquelles nous n'avons plus à penser, ce qui laisse notre esprit libre de se concentrer sur les signaux, les autres véhicules et les piétons.

Cependant, les habitudes peuvent aussi être destructrices et inutiles. Si nous apprenons à gérer le stress par l'alcool, cela n'est absolument pas utile. Toute situation stressante peut nous donner envie de boire un verre, même si cela n'est pas du tout approprié. Si nous laissons la peur de l'échec devenir une habitude qui nous empêche d'atteindre nos objectifs, c'est également inutile. Avant de parler de la façon de créer des habitudes positives, nous devons d'abord comprendre un peu la psychologie et la physiologie des habitudes.

En psychologie, il existe une loi dite de Hebb, qui stipule que lorsque les cellules nerveuses du cerveau sont activées de manière répétée selon le même schéma, elles finissent par former un circuit neuronal fixe. Plus ce circuit est utilisé, plus il se renforce. Par analogie, on peut imaginer de marcher sur un terrain rugueux. Au départ, vous pouvez choisir n'importe quel chemin, mais, avec le temps, un sentier se creuse dans les broussailles. Lorsque vous vous déplacez à nouveau dans cette zone, vous avez beaucoup plus de chances de revenir sur vos pas en empruntant le nouveau chemin.

De même, lorsque nous apprenons à consommer de l'alcool en réponse au stress, cette réponse finit par devenir un circuit neuronal fixe dans notre cerveau, une habitude. Si nous nous sentons stressés, notre cerveau nous dit qu'un verre est la solution. Si nous avons peur de l'échec, notre cerveau nous dit que la réponse est d'éviter tout ce qui comporte un risque d'échec. Heureusement, ces circuits ne sont pas fixés de façon permanente, comme on le croyait auparavant. Au contraire, de nouveaux circuits neuronaux peuvent être formés et les anciens éliminés. La capacité de notre cerveau à former de nouveaux circuits neuronaux a été prouvée par des victimes d'accidents vasculaires cérébraux qui ont pu réaffecter à de nouvelles parties du cerveau des comportements aussi fondamentaux que la marche.

Les psychologues appellent cette capacité du cerveau à reformer les circuits neuronaux "plasticité". Le traitement d'affections telles que l'alcoolisme, la toxicomanie et les comportements compulsifs a conduit à une autre découverte : la "neuroplasticité auto-dirigée". Cela semble compliqué, mais en fait, ça ne l'est pas. Cela signifie simplement que si vous faites un effort conscient pour adopter un nouveau comportement, celui-ci finit par s'intégrer dans de nouveaux circuits neuronaux. En d'autres termes, il devient une habitude.

Pensez-y un instant car c'est à la fois incroyablement puissant et libérateur. Si vous pouvez identifier un nouveau comportement que vous voulez rendre automatique, tout ce que vous avez à faire est de le maintenir jusqu'à ce qu'un nouveau circuit neuronal se forme, et il deviendra une habitude. Combien de temps cela prendra-t-il ? Il n'y a pas de réponse précise. Cela semble dépendre de l'individu et du comportement. Selon la plupart des estimations, il faut compter entre 30 et 90 jours. Ce qui est certain, c'est que si vous êtes capable de maintenir un comportement nouveau et positif suffisamment longtemps, ce processus va réellement modifier votre cerveau.

Il existe plusieurs méthodes pour réorienter votre cerveau, mais l'une des plus populaires est l'approche en quatre étapes, développée par le Dr Jeffrey M. Schwartz[11].

---

[11] *Vous n'êtes pas votre cerveau : The 4-Step Solution for Changing Bad Habits, Ending Unhealthy Thinking, and Taking Control of Your Life* par Jeffrey M. Schwartz M.D. et Rebecca Gladding M.D., Avery, 2011.

- La première étape consiste à apprendre à écouter votre voix intérieure et, en particulier, ce que le Dr Schwartz appelle les "messages cérébraux trompeurs". Il s'agit des messages de votre voix intérieure que vous avez appris à reconnaître comme inutiles et faux.
- La deuxième étape est le recadrage. Apprenez à analyser ces messages et à voir ceux qui vous empêchent d'atteindre vos objectifs.
- La troisième étape consiste à se recentrer, c'est-à-dire à adopter délibérément des comportements nouveaux et plus positifs. Même si vous adoptez le nouveau comportement alors que vous êtes encore troublé par votre critique intérieur, vous commencerez à créer les circuits neuronaux qui soutiennent ces nouveaux comportements.
- L'étape 4 est la réévaluation, en continuant à évaluer objectivement les messages provenant de votre critique intérieur et en voyant ceux qui sont trompeurs.

Prenons un exemple simple. Lorsque vous rentrez du travail, vous êtes fatigué et probablement stressé. Votre habitude est de prendre une bière et de vous affaler devant la télévision, ce que vous faites toute la soirée. Tous les soirs. Bientôt, prendre une bière et la télécommande deviennent des habitudes ancrées dans les circuits neuronaux qui sont activés chaque fois que vous passez la porte après le travail. Ce que vous aimeriez faire, c'est faire un peu d'exercice le soir en vous promenant, en allant à la salle de sport ou en faisant un jogging. Mais tout cela semble représenter trop d'efforts et au lieu de cela, vous

vous retrouvez tous les soirs sur le canapé avant d'aller vous coucher, irrité contre vous-même et un peu dégoûté par votre incapacité à faire quelque chose de plus productif.

La bonne nouvelle est que vous pouvez changer ce comportement. La mauvaise nouvelle, c'est que cela ne dépend que de vous. Vous devez réellement vouloir changer, et c'est là qu'il est utile d'avoir des objectifs clairs. Si vous vous asseyez et écrivez ce que vous voulez, cela vous aidera à clarifier ce que vous voulez changer. Si l'un de ces objectifs est de se mettre en forme et peut-être de perdre un peu de poids, c'est bien. Ensuite, vous devez réellement faire un effort conscient pour ne pas aller au réfrigérateur et allumer la télévision lorsque vous rentrez chez vous après le travail. Vous devez vous obliger à aller marcher, courir ou aller à la salle de sport. Au début, ce sera très difficile, car vos circuits neuronaux existants vous disent que ce n'est pas bien, que vous devriez plutôt boire un verre et regarder des feuilletons. Le fait de vous concentrer sur vos objectifs vous aide à trouver la motivation nécessaire pour adopter le nouveau comportement. Cette motivation est entretenue par le fait que vous savez que vous êtes en train de recâbler votre cerveau de manière permanente et plus positive.

Bientôt, lorsque vous rentrerez du travail, vous serez impatient de faire cette promenade ou ce jogging. Vous prendrez automatiquement vos chaussures de course plutôt que de vous diriger vers le réfrigérateur. Et lorsque vous irez vous coucher, vous aurez la satisfaction de savoir que vous avez progressé vers vos objectifs et que vous êtes en meilleure forme. Se débarrasser des habitudes indésirables et adopter de nouvelles habitudes plus positives, c'est vraiment très simple. Ce n'est pas facile, car vous devez vous obliger à entreprendre la nouvelle activité même si vos circuits neuronaux existants vous disent de faire autre chose. Surmonter ces messages de votre cerveau demande de la détermination et de l'engagement, mais vous pouvez le faire et vous pouvez continuer jusqu'à ce que le nouveau comportement devienne une habitude.

Les éléments de la force mentale décrits dans ce chapitre peuvent également devenir des habitudes. Avec des objectifs clairs pour vous motiver, vous pouvez établir de nouveaux comportements qui vous permettront de :

- Ne vous apitoyez pas sur vous-même
- Renforcer la volonté et l'autodiscipline
- Aide à lutter contre l'ennui
- Savoir quand arrêter et se recentrer
- Pensez positivement

En adoptant ces comportements, vous pouvez recycler votre cerveau pour qu'il accepte automatiquement et constamment les habitudes de la ténacité mentale. Tout ce que vous avez à faire est de décider par où commencer.

Exercice 15 : Identifier un comportement que vous voulez changer

Chapitre 6 : Liste en 10 étapes pour la force mentale

Ce dernier chapitre propose une révision de tout ce que nous avons abordé sous la forme de 10 rubriques, chacune suivie de questions. Lisez chaque section et répondez aux questions.

Il ne s'agit pas d'un test. Vous n'obtiendrez pas un score à la fin qui vous dira si vous avez atteint ou non la force mentale. Au contraire, ces points de révision sont fournis comme un moyen d'évaluer les progrès que vous avez réalisés. Vous voudrez peut-être revenir à cette section à plusieurs reprises pour réévaluer dans quelle mesure vous avez réussi à développer votre force mentale. Lisez les questions et réfléchissez à vos réponses. Si vous répondez "Non" à une question, réfléchissez à ce que vous devez faire pour changer cette réponse en "Oui". Revenez en arrière et lisez la partie correspondante de ce livre pour vous guider, et prenez les mesures nécessaires.

1. Prendre la responsabilité

La toute première étape pour développer la force mentale consiste à prendre des responsabilités. Il y a deux parties. La première consiste à accepter que vous avez la capacité de faire un choix pour développer votre propre force mentale. Ce livre explique ce qu'est la force mentale et pourquoi elle est importante, mais vous seul pouvez choisir de l'intégrer dans votre vie.

Avez-vous fait ce choix, et vous engagez-vous à faire ce qu'il faut ? Si vous voulez réussir, vous devez vraiment être capable de répondre "Oui !" sans aucune réserve. Si ce n'est pas le cas, vous devriez peut-être revoir les objectifs personnels que vous avez créés dans l'exercice 9. Ces objectifs doivent être suffisamment importants pour que vous soyez prêt à fournir les efforts nécessaires pour les atteindre.

La deuxième partie consiste à accepter que vous avez la capacité de choisir ce que vous faites et, en particulier, de choisir comment vous réagissez aux problèmes et aux revers. Si vous vous surprenez à vous plaindre des autres ou des circonstances, arrêtez ! Si les choses ne se passent pas comme prévu, demandez-vous ce que <u>vous</u> auriez pu faire différemment pour changer le résultat. Se plaindre ne sert à rien. Rester concentré sur ce que vous pouvez faire différemment la prochaine fois fait réellement la différence. Vous pouvez choisir de voir le monde comme un endroit où vous êtes impuissant, ou vous pouvez choisir de changer activement votre vie grâce à la force mentale.

- Êtes-vous prêt à vous engager à devenir mentalement fort ?
- Vous engagez-vous à devenir une personne active et performante, et non une personne passive qui se plaint ?

2. Contrôlez vos émotions

Les émotions comptent, et nous sommes tous sujets à ces sentiments. Pour devenir mentalement fort, vous devez maîtriser ces émotions. La première étape vers cette maîtrise consiste à comprendre clairement les émotions qui vous affectent et à voir d'où elles viennent. La méditation peut vous aider. Vous n'avez pas besoin de méditer longtemps ou d'adopter la position du lotus. Prenez simplement cinq minutes dans un endroit où vous ne serez pas dérangé ou interrompu. Fermez les yeux et ne pensez à rien d'autre qu'à votre respiration.

Que ressentez-vous ? La plupart des gens se sentent rafraîchis et revigorés, mais vous devez également prendre conscience de votre voix intérieure et des émotions qu'elle provoque. Vous serez également en mesure de voir comment ces sentiments vous font agir. Les émotions positives conduisent à des comportements positifs. La joie et le contentement conduisent à un comportement guidé par la compassion et la bonté. La jalousie et la culpabilité vous font agir de manière peu aimable envers les autres. Cependant, le simple fait de prendre conscience des émotions négatives peut atténuer leur effet.

L'empathie est un élément clé de la force mentale. Elle nous permet de comprendre les émotions des autres. Sans elle, nos relations personnelles et professionnelles sont beaucoup plus difficiles et moins productives.

- Êtes-vous vraiment conscient des émotions négatives que vous éprouvez ?
- Pouvez-vous voir comment ces émotions vous font agir de manière négative ?
- Avez-vous des stratégies pour faire face à ces émotions ?

- Comprenez-vous les émotions que ressentent les autres personnes et pouvez-vous identifier comment ces émotions les font agir ?

3. Pensez positif

Les émotions négatives peuvent être bannies par un effort conscient. Lorsque vous vous rendez compte que vous vous apitoyez sur vous-même, que vous êtes en colère ou que vous vous inquiétez, faites plutôt l'effort de penser aux choses pour lesquelles vous êtes reconnaissant. Lorsque vous vous concentrez sur les échecs et les déceptions, faites plutôt l'effort de penser au succès et à la réussite. Plus vous vous complaisez dans des sentiments négatifs, plus ils minent votre détermination et sapent votre énergie.

Écoutez votre voix intérieure. Que vous dit-elle ? Est-elle critique et négative, se concentrant sur les faiblesses perçues et vous disant que vous allez échouer ? Ou bien vous soutient-elle, en se penchant sur vos succès passés et en vous disant comment utiliser vos forces pour réussir ? Si elle est négative, vous pouvez affronter votre voix intérieure avec logique et objectivité. Si vous montrez qu'elle est déraisonnablement pessimiste, vous pouvez l'entraîner à accentuer les aspects positifs.

- Dans l'ensemble, avez-vous une opinion positive de vous-même et de votre avenir ?
- Quand vous écoutez votre voix intérieure, vous soutient-elle ?
- Avez-vous visualisé un sage défenseur ?

4. Affrontez vos peurs

La peur est naturelle et même utile car elle nous aide à éviter des situations potentiellement dangereuses. Si elle n'est pas maîtrisée, la peur peut nous dominer et nous faire éviter le changement et les défis. Parfois, il peut être difficile de reconnaître quand la peur nous empêche de faire quelque chose qui nous aiderait à atteindre nos objectifs. Nous pouvons nous dire que nous sommes prudents, mais en réalité, c'est la peur qui nous bloque.

Une fois reconnue, la peur peut être atténuée en utilisant des techniques bien connues. Celles-ci consistent à explorer les racines de nos peurs et à adopter des stratégies pour en atténuer l'impact.

- Pouvez-vous penser à une occasion où la peur vous a empêché de réaliser quelque chose ?
- Avez-vous utilisé les techniques d'affrontement de vos peurs et de pre-mortem pour atténuer la peur ?

5. Se sentir à l'aise avec le risque

Effectuer des changements positifs implique presque toujours un certain niveau de risque. Nous ne parlons pas du type de risque associé à une conduite trop rapide ou à des jeux d'argent inconsidérés, mais du risque que quelque chose que vous essayez puisse échouer. Il est inévitable d'affronter ce type de risque si vous voulez apporter des changements positifs à votre vie, mais beaucoup de gens trouvent que tout type de risque est une perspective effrayante.

Votre cerveau peut être entraîné à accepter le risque. Ce processus est appelé "désensibilisation" et cela ne signifie pas que vous devez sauter en parachute ou commencer un autre passe-temps dangereux. Faites simplement l'effort d'essayer des choses différentes chaque jour. Trouvez un nouvel itinéraire pour vous rendre au travail, mangez quelque chose de différent pour le déjeuner, allez boire un verre avec une nouvelle personne en soirée ou apprenez une nouvelle compétence ou aptitude. En faisant ces petits changements, votre cerveau s'habitue progressivement à être exposé au risque de nouvelles expériences.

- Pouvez-vous penser à un exemple où le fait d'éviter le risque vous a conduit à ne pas faire quelque chose ?
- Avez-vous essayé une nouvelle activité récemment pour vous désensibiliser au risque ?

6. Gérer efficacement l'échec

Le risque est associé à l'échec. Si vous essayez quelque chose de nouveau, il y a une possibilité que vous échouiez. Certaines personnes s'en servent comme excuse pour ne pas essayer. La ténacité mentale signifie être prêt à accepter l'échec, à en tirer des leçons et à aller de l'avant.

L'apprentissage le plus important et le plus utile dans la vie vient de l'échec. L'échec peut nous apprendre où nous nous sommes trompés, ce qui nous permet de comprendre comment bien faire les choses la prochaine fois. Si vous êtes ouvert à l'apprentissage, l'échec peut vous aider à progresser vers vos objectifs. Ne partez jamais du principe que l'échec est inévitable, et visez toujours le succès.

Toutefois, acceptez que personne n'est parfait et que vous pouvez échouer en cours de route.

- Considérez-vous vraiment l'échec comme une occasion d'apprendre ?
- Pouvez-vous penser à un échec passé qui a conduit au succès ?

7. Persistez

Atteindre la maîtrise est une condition préalable essentielle à la réussite dans n'importe quel domaine. Mais la maîtrise demande du temps et la capacité de faire face à l'ennui et à la répétition. La ténacité mentale, c'est comprendre que le temps est nécessaire pour atteindre la maîtrise. La force mentale, c'est aussi être capable de retarder la satisfaction, de supporter les inconvénients à court terme et les efforts répétitifs pour atteindre des objectifs à long terme.

La persévérance consiste également à gérer efficacement l'échec, en l'utilisant comme une opportunité d'apprentissage qui nous permettra de progresser vers nos objectifs. Le plus souvent, nous abandonnons quelque chose parce que nous n'avons pas d'objectif suffisamment puissant pour nous maintenir sur la bonne voie.

- Avez-vous déjà renoncé à quelque chose et l'avez-vous regretté plus tard ?
- Vos objectifs vous permettent-ils de continuer à avancer même lorsque les choses sont difficiles ?

8. Mais sachez quand arrêter...

La persévérance est nécessaire, mais elle doit être tempérée par la prise de conscience que, parfois, abandonner est la meilleure option. La peur peut nous pousser à poursuivre une activité longtemps après qu'il soit clair qu'elle ne nous rapproche pas de nos objectifs. Le temps est limité et vous devez constamment revoir ce que vous faites et ce que votre travail permet de réaliser. Si quelque chose n'est pas productif, arrêtez, apprenez et passez à autre chose.

L'abandon doit être une décision consciente. Vous êtes responsable de l'abandon comme de tous les autres aspects de votre vie. Ne laissez pas les choses dériver. Prenez le contrôle et décidez quand vous devez continuer et quand vous devez arrêter. N'abandonnez jamais parce que continuer est difficile ou fatigant. Arrêtez parce que continuer ne vous aide pas à progresser vers vos objectifs.

- Avez-vous déjà continué à faire quelque chose même si ce n'était pas productif ?
- Si vous envisagez d'abandonner, avez-vous examiné vos raisons ?

9. Pensez comme un Royal Marine

L'entraînement des Royal Marines met l'accent sur quatre qualités qui s'ajoutent à la ténacité mentale. Il s'agit de l'unité, de l'humilité, de l'adaptabilité et du courage. L'adaptabilité consiste à voir les possibilités dans l'incertitude, à être prêt à prendre des risques et à tirer profit de l'apprentissage qui découle de l'échec. La force morale, c'est la persévérance, le fait de continuer à travailler même si vous êtes fatigué, découragé ou démotivé.

Les deux autres qualités sont tout aussi importantes, mais elles sont souvent négligées en tant qu'éléments de la force mentale. L'unité, c'est être désintéressé, avoir l'esprit d'équipe, être empathique et solidaire. L'humilité, c'est accepter qu'il y a toujours des choses à apprendre et toujours des domaines dans lesquels on peut s'améliorer.

Être mentalement fort signifie que vous avez <u>ces quatre</u> qualités.

- Avez-vous l'unité, l'humilité, l'adaptabilité et la force d'âme ?

10. Prendre des mesures

"L'inaction engendre le doute et la peur. L'action engendre la confiance et le courage. Si vous voulez vaincre la peur, ne restez pas assis chez vous à y réfléchir. Sortez et activez-vous."

Dale Carnegie

Vous ne réussirez jamais en pensant uniquement à ce que vous pourriez changer. Le succès ne vient que de l'action. Vous savez maintenant ce qu'il faut faire pour développer la force mentale dont vous avez besoin pour réussir. Maintenant, vous devez le faire. Pour y parvenir, vous avez besoin de plans.

Les objectifs que vous avez identifiés dans l'exercice 9 sont essentiels. Ce sont les objectifs que vous cherchez à atteindre, et ils aident à renforcer la volonté et l'autodiscipline dans les moments difficiles. Mais vous avez également besoin de plans à court terme qui vous aident à progresser vers ces objectifs à long terme. Vous avez peut-être votre propre méthode pour créer des plans, mais que répondez-vous aux questions suivantes ?

- Avez-vous établi un plan pour les trois prochains mois ? Ce plan devrait inclure des objectifs que vous voulez accomplir et qui soutiennent vos objectifs à long terme. Ces objectifs peuvent inclure l'apprentissage de nouvelles compétences, la mise en pratique de nouvelles capacités telles que l'unité, l'humilité et l'empathie, et l'application de la pensée positive. À la fin de la période de trois mois, examinez les progrès accomplis et élaborez un nouveau plan pour les trois mois suivants. Décidez de ce sur quoi vous allez continuer à travailler et de ce que vous allez abandonner. Si vous avez connu des échecs, réfléchissez à la façon dont vous avez appris de ces revers et à ce que vous ferez pour éviter les mêmes échecs à l'avenir.

- Avez-vous établi un plan pour le mois prochain ? Ce plan mensuel doit identifier au moins un comportement que vous souhaitez modifier en utilisant la neuroplasticité autodirigée. Le comportement que vous choisissez n'a pas vraiment d'importance. Il peut s'agir de quelque chose d'aussi simple que de faire son lit tous les matins ou d'arriver au travail 15 minutes plus tôt. L'important est de reconnaître que vous pouvez changer votre comportement et que, si vous maintenez le nouveau comportement positif, celui-ci deviendra une habitude. Essayez de cibler au moins un nouveau comportement positif chaque mois. Faites le point à la fin de chaque mois et évaluez si vous avez réussi à changer. Une fois que vous êtes sûr de cette approche, vous pouvez commencer à l'utiliser pour cibler de nouveaux comportements. Ceux-ci peuvent viser à vous désensibiliser à la prise de risques, à affronter vos peurs, à renforcer votre volonté et votre autodiscipline, à penser positivement et à persister.

- Faites-vous une liste de choses à faire chaque jour ? Lorsque vous essayez de développer votre force mentale tout en travaillant, en ayant des relations et en trouvant du temps pour vos loisirs et faire de l'exercice, il est trop facile de se sentir dépassé. Une bonne façon de s'assurer que vous utilisez votre temps efficacement est de faire une liste, dès le début, des tâches que vous voulez accomplir ce jour-là. Vous pouvez rédiger cette liste sur papier ou à l'aide d'une application. Incluez des tâches visant à renforcer la résistance mentale, par exemple en vous désensibilisant au risque en tentant de nouvelles expériences.

- Faites-vous le point sur vos progrès, chaque jour ? À la fin de chaque journée, pensez à ce que vous avez accompli, notamment en termes de progression vers vos objectifs et d'adoption des habitudes de la force mentale. Pensez à la façon dont un nouveau comportement vous a permis de réagir plus efficacement à une situation au travail ou dans votre vie personnelle. Célébrez les succès et les étapes importantes. Si vous accomplissez une tâche particulière ou atteignez une nouvelle compétence, faites-vous plaisir.

Exercices

Exercice 1 : Les ennemis de la force mentale

Dans le chapitre 2, nous avons examiné sept états d'esprit qui inhibent la force mentale. Ces états sont :

-L'apitoiement

-Le doute de soi

-La paresse

-Le perfectionnisme

-La peur

-Les émotions négatives

-Les croyances autolimitatives

Prenez cinq minutes pour parcourir la liste, et mettez en évidence ceux qui vous ont affecté. Soyez honnête. Surmonter ces états d'esprit fait partie des défis les plus importants que vous aurez à relever dans votre parcours vers la force mentale. Il est important que vous identifiiez les défis sur lesquels vous devez travailler.

Essayez d'identifier les états d'esprit qui sont devenus des réponses habituelles. Vous mettez-vous toujours en colère lorsque les choses ne se passent pas comme vous le voulez ? Ou vous apitoyez vous sur vous-même ? Maintenant, notez les états qui ont le plus d'impact sur votre vie. Ne vous inquiétez pas, vous ne partagerez pas ces notes avec d'autres personnes. Vous voudrez peut-être revenir à cet exercice plus tard pour voir si vous vous êtes amélioré.

Exercice 2 : Émotions négatives

Cet exercice prendra un peu plus de temps, mais il est important que vous reconnaissiez et identifiez les émotions que vous ressentez.

Tout d'abord, réfléchissez à la façon dont vous réagissez lorsque les choses tournent mal. En particulier, réfléchissez aux émotions que vous ressentez. L'échec vous met-il en colère ? De l'anxiété ? De la peur ? De la culpabilité ? Notez les émotions que vous ressentez. Il y en aura probablement plus d'une, alors prenez le temps de bien réfléchir et assurez-vous d'identifier toutes les émotions.

Maintenant, à côté de chaque émotion, écrivez comment cette émotion vous a fait agir. La colère vous a peut-être fait vous comporter de manière désagréable envers un collègue ou un ami ? L'embarras vous a peut-être fait jurer de ne plus jamais vous mettre dans la même situation ? La jalousie vous a fait agir de façon désagréable envers quelqu'un d'autre ? Il n'y a pas de bonnes réponses. Chacun réagit différemment et certaines des choses que vous décrivez peuvent vous faire frémir, mais vous devez développer des compétences non seulement pour comprendre ce que vous ressentez, mais aussi pour réfléchir à la façon dont cela vous fait agir.

Maintenant, écrivez comment vous allez éviter d'agir de la même façon à l'avenir. Si la colère est un problème qui vous pousse à vous déchaîner, réfléchissez à des stratégies pour changer cela. Respirez profondément, comptez jusqu'à 10, tout ce qui vous convient. Si la gêne est le problème, que pouvez-vous faire pour réduire cette émotion à l'avenir ?

Il n'entre pas dans le cadre de ce livre de vous donner des stratégies pour gérer chaque émotion. Cet exercice consiste plutôt à commencer à réfléchir aux émotions négatives. Si vous parvenez à le faire objectivement, vous constaterez que vous réagirez différemment la prochaine fois que vous ressentirez cette émotion.

Exercice 3 : Empathie

Pensez à la dernière occasion au cours de laquelle un ami, un collègue ou un partenaire était malheureux. Comprenez-vous vraiment ce qui était à l'origine de son malheur ? Pouvez-vous identifier les émotions qu'il ressentait et voir ce qui a provoqué ces sentiments ? Maintenant, réfléchissez aux réponses à ces questions :

- Dans les mêmes circonstances, quelles émotions auriez-vous ressenties ? Auraient-elles été les mêmes ? Si non, pourquoi ?

- Comment ces émotions vous auraient-elles fait réagir ? Auriez-vous agi différemment ? Pourquoi ?

- Votre réponse aurait-elle été raisonnable et efficace ? Y aurait-il eu de meilleures façons de réagir ?

- Pensez à une personne que vous admirez (peu importe que vous la connaissiez ou qu'elle soit réelle). Comment aurait-elle réagi dans la même situation ? Aurait-elle eu une meilleure façon de réagir ? Comment pouvez-vous agir d'une manière qui se rapproche de celle de la personne que vous admirez ?

Prenez le temps de réfléchir à votre degré d'empathie. Êtes-vous sûr de comprendre les émotions que l'autre personne ressentait ? Êtes-vous capable de vous mettre à sa place et de réfléchir à ses actions sans porter de jugement ? En bref, êtes-vous empathique ? Si ce n'est pas le cas, vous devriez travailler à accroître votre empathie.

Pour plus de détails, vous pouvez essayer de passer un test de QE. Vous trouverez de nombreux tests de ce type en ligne. Essayez d'en utiliser un d'une organisation réputée, comme ceux proposés par *Psychology Today* ou l'*Institute for Health and Human Potential,* et réfléchissez à ce que vous disent les résultats.

Exercice 4 : Gérer l'échec

Prenez le temps de noter les détails de cinq échecs récents dans votre vie. Ils peuvent être petits ou grands, allant de l'échec d'un putt d'un mètre à l'échec d'un contrat important.

Maintenant, la partie délicate : Décrivez comment vous avez réagi à ces échecs. Notez si ces échecs ont provoqué une crise de colère, un déni, de la culpabilité ou des doutes sur vous-même. Pensez à vos émotions et à la façon dont elles vous ont poussé à agir. Soyez totalement honnête et donnez le plus de détails possible.

Comment auriez-vous pu agir différemment et de manière plus constructive ? Pour chaque échec, notez au moins une idée sur la façon dont vous auriez pu réagir de manière plus positive. Qu'avez-vous appris de chaque échec ?

J'espère que vous constaterez que des changements relativement mineurs dans le comportement qui résulte de l'échec peuvent permettre d'aller de l'avant de manière beaucoup plus positive.

Exercice 5 : Nommer sa peur

Lorsque vous avez peur, il est difficile d'être objectif, mais c'est justement ce que vous devez faire pour nommer vos peurs. Pensez à une activité que vous remettez à plus tard ou que vous n'arrivez pas à entreprendre. Maintenant, entreprenez ces deux courtes tâches d'écriture :

- Rédigez un compte rendu de l'activité qui décrit ce que vous devez faire et pourquoi vous l'évitez. Rédigez-le comme s'il allait être lu par quelqu'un qui ne vous connaît pas et ne sait rien de cette tâche.

- Maintenant, écrivez un court texte persuasif qui argumente contre la réalisation de cette tâche. Soyez aussi descriptif que possible. Incluez les points positifs mais essayez de persuader le lecteur qu'entreprendre cette tâche est une mauvaise idée.

Que pensez-vous de cette tâche maintenant ? Les peurs sans nom, les peurs de l'inconnu, sont les plus destructrices et les plus insistantes. Le simple fait de prendre le temps de regarder objectivement ce que vous craignez peut en fait l'atténuer.

Exercice 6 : Quel est le pire qui puisse arriver ?

Cette technique demande un peu d'imagination, et peut même être amusante dans un sens macabre.

Pensez à une nouvelle idée ou à un plan d'action différent que vous envisagez.

Prenez le temps de réfléchir à la pire situation dans laquelle vous pourriez vous retrouver si vous suivez cette nouvelle idée. Ne vous retenez pas. Soyez aussi dramatique et exagéré que vous le souhaitez. Visualisez-vous vivant dans une boîte en carton sous un pont, abandonné par votre partenaire après que votre maison et votre voiture aient été saisies. Et il neige.

- Comment y êtes-vous arrivé ?

- Plus précisément, quels sont les décisions et les choix que vous avez faits et qui ont conduit à cette situation ? Notez votre réponse.

- Comment auriez-vous pu prendre des décisions différentes qui auraient permis d'éviter ce scénario catastrophe ? Notez vos réponses.

Affronter ses peurs en imaginant le pire qui puisse arriver aide les gens à surmonter leurs craintes depuis que Sénèque le Jeune a introduit cette idée il y a 2 000 ans. Cela peut vous aider, vous aussi.

Exercice 7 : Faites un test d'humilité

Comment savez-vous si vous avez de l'humilité ? Lisez les affirmations suivantes et pensez à une situation récente dans laquelle vous avez été impliqué, qu'elle soit réussie ou non. Il peut s'agir de votre travail ou de votre vie personnelle, mais il doit s'agir d'une situation qui a donné lieu à une discussion après coup sur ce qui s'est passé.

- J'ai tout gâché. C'est de ma faute. Désolé.

- Dites-moi où je me suis trompé.

- Je ne sais pas quoi faire et j'ai besoin d'aide.

- Que puis-je faire pour aider ?

- Je sais que j'ai des choses à apprendre et que je peux m'améliorer.

- Vous vous êtes bien débrouillé.

- Je ne peux pas m'en attribuer le mérite.

- J'écoute...

Pouvez-vous imaginer faire l'une de ces déclarations dans le cadre d'une discussion après l'événement ? À haute voix et devant d'autres personnes ? Vraiment ? Soyez honnête car beaucoup d'entre nous ont du mal à faire des éloges, à admettre qu'ils ont échoué ou qu'ils ont besoin d'aide.

Si vous pouvez vous imaginer faire ces déclarations, et encore mieux si vous le faites régulièrement, alors félicitations, vous avez déjà l'humilité. Si, par contre, vous ne pouvez vraiment pas vous imaginer faire ces déclarations, vous avez peut-être un problème. Peut-être votre ego vous en empêche-t-il. Si vous ne voyez aucune raison de faire ces déclarations parce que vous ne faites jamais d'erreurs, que vous n'avez rien à apprendre et que vous n'avez jamais besoin d'aide, alors vous manquez d'humilité.

Pour accroître votre humilité, vous pouvez faire un effort conscient pour utiliser ces déclarations (ou des déclarations similaires) la prochaine fois que vous serez impliqué dans une discussion sur un succès ou un échec.

Exercice 8 : Qu'avez-vous appris aujourd'hui ?

Prenez quelques instants à la fin de la journée pour écrire ce que vous avez appris ce jour-là. Il n'est pas nécessaire que ce soit quelque chose d'important. Avez-vous appris un nouveau mot ou une nouvelle expression, avez-vous appris quelque chose de nouveau sur un sujet qui vous intéresse, avez-vous trouvé un nouveau chemin pour aller travailler, avez-vous appris quelque chose de nouveau sur un collègue ou un partenaire ?

Pratiquement tous les jours, vous apprendrez quelque chose de nouveau. En général, vous ne vous apercevrez même pas que vous apprenez, à moins que vous ne vous arrêtiez et ne réfléchissiez attentivement à ces nouvelles connaissances. Le fait de réfléchir à ce que vous apprenez renforce deux faits importants à votre sujet : vous acquérez chaque jour de nouvelles expériences et connaissances et vous avez toujours la capacité d'apprendre et de vous améliorer. Ce sont là des attributs essentiels de l'humilité.

Exercice 9 : Fixer des objectifs personnels

L'exercice 9 est un exercice complexe, donc ne vous précipitez pas.

Commencez par réfléchir à ce que vous voulez réaliser au cours des dix prochaines années. Cet objectif peut être large et assez vague. Il s'agit simplement d'un point de départ. Soyez honnête. Vous n'allez pas partager vos objectifs avec qui que ce soit. Mettre ses idées par écrit est un excellent moyen de clarifier sa pensée. Ne vous sentez pas obligé de dire que vous voulez aider les gens et rendre le monde meilleur. Ces objectifs doivent être importants pour vous. Si vous vous sentez vraiment passionné par la philanthropie ou l'altruisme, c'est très bien. Mais si votre objectif est plus égoïste, comme posséder une voiture de sport, acheter une maison sur la plage ou prendre votre retraite en toute sécurité financière, cela ne pose pas de problème non plus. Ces objectifs doivent être pertinents et motivants pour vous, et non pour quelqu'un d'autre.

Vous devez ensuite identifier les objectifs SMART dont vous avez besoin pour atteindre votre objectif décennal. Vous voudrez peut-être décomposer encore davantage ces objectifs en objectifs que vous pourrez atteindre dans le mois ou les deux mois à venir et ceux qui prendront plus de temps. Certains objectifs peuvent même être séquentiels et dépendants. Vous souhaitez peut-être obtenir une promotion au travail, mais vous devez d'abord acquérir une qualification supplémentaire, par exemple.

Prenez le temps d'écrire ces objectifs. Donnez des détails pour chacun d'eux. Soyez clair sur ce que vous voulez réaliser, sur la manière dont vous allez le faire et sur la date à laquelle vous souhaitez l'achever.

Cette liste d'objectifs deviendra à la fois votre carte routière pour l'avenir et votre motivation. L'acquisition de la force mentale demandera du temps et des efforts soutenus. Votre désir d'atteindre ces objectifs est ce qui vous poussera à continuer. Sont-ils suffisamment importants pour que vous soyez prêt à consacrer du temps et des efforts pour les atteindre ? Si ce n'est pas le cas, vous pouvez réviser cette liste plusieurs fois jusqu'à ce que vous identifiiez votre objectif de vie.

La définition de ces objectifs vous aidera également à développer l'aptitude à retarder la gratification. Si vous savez que vous travaillez vers des objectifs à long terme définis et clairs, il est beaucoup plus facile de résister à la tentation et d'éviter la paresse.

Une fois que vous avez terminé, conservez cette liste dans un endroit sûr. Vous y reviendrez à l'avenir. Au moins tous les trois mois, ou plus souvent si vous en ressentez le besoin, revoyez votre liste d'objectifs. Sont-ils tous encore pertinents et motivants ? Si ce n'est pas le cas, envisagez de modifier les objectifs existants ou d'en ajouter de nouveaux. Au cours de cette révision, notez pour chaque objectif les progrès que vous avez réalisés pour l'atteindre.

Exercice 10 : Les choses dont on peut être reconnaissant

Notez cinq choses pour lesquelles vous êtes reconnaissant. Soyez créatif. Soyez reconnaissant d'être en bonne santé, d'avoir du beau temps, d'avoir un emploi qui vous permet de subvenir aux besoins de votre famille, d'avoir un partenaire aimant, de vivre dans un endroit qui n'est pas frappé par la guerre ou la famine. Dans la vie de chacun, il y a beaucoup de choses dont on peut être reconnaissant. Consacrer du temps à la gratitude est un moyen puissant de bannir les sentiments d'apitoiement sur soi.

Exercice 11 : Autodiscipline

Notez cinq choses que vous avez du mal à faire tous les jours. Ces difficultés peuvent aller du fait de sortir du lit à temps, à faire la vaisselle après avoir mangé, en passant par le rangement de votre maison. Nous avons tous des choses que nous préférerions ne pas faire, mais nous nous habituons tellement à ne pas les faire ou à les remettre à plus tard que nous n'en sommes presque plus conscients. C'est pourquoi nous sommes surpris lorsque nous nous retrouvons avec un évier rempli de vaisselle sale et un appartement qui semble avoir été balayé par un cyclone.

Maintenant, faites une autre liste de cinq choses que vous ne devriez probablement pas faire mais auxquelles vous avez du mal à résister. Il peut s'agir d'un en-cas sucré avec votre café du matin, de passer la soirée devant la télévision ou de prendre un verre après le travail tous les soirs.

Maintenant, jetez un coup d'œil à ces listes, et choisissez un élément dans chacune d'elles. À partir de maintenant, la tâche que vous trouvez difficile à accomplir, vous la ferez rapidement, tous les jours. Vous ferez un effort conscient pour résister à la tentation.

Après avoir résisté à la tentation et effectué une tâche que vous évitez normalement pendant un mois, comment vous sentez-vous ? Ne sentez-vous pas que vous avez la capacité de vous prendre en main, de contrôler votre propre destin ? N'est-ce pas un sentiment agréable ? Imaginez maintenant que ce sentiment s'étende à d'autres aspects de votre vie.

La bonne nouvelle est qu'en faisant ces petits pas, vous renforcez votre volonté et votre autodiscipline et, comme vous allez l'apprendre, vous êtes en train de reconnecter votre cerveau. Si vous y allez pas à pas, vous pouvez changer votre vie pour atteindre vos objectifs à long terme.

Exercice 12 : L'ennui

Notez cinq émotions négatives que vous associez à l'ennui. Prenez le temps de bien réfléchir à ces sentiments, mais vous pouvez inclure des choses comme :

-Frustration

-Agitation

-Pessimisme

-Colère

-Anxiété

Pensez à une activité spécifique qui vous cause de l'ennui. Considérez les avantages de cette activité et les effets négatifs potentiels de son abandon. Vous serez en mesure de voir pourquoi les émotions à court terme causées par l'ennui valent la peine d'être endurées pour les avantages à long terme de l'activité. Vous devriez être capable de faire cela pour toute activité qui vous ennuie.

Exercice 13 : Savoir quand abandonner

Pensez à trois occasions dans votre expérience personnelle où vous avez abandonné quelque chose que vous n'auriez pas dû. Pensez à ce que vous auriez dû faire pour continuer à la place.

Maintenant, pensez à trois fois dans votre expérience personnelle où vous avez continué quelque chose au-delà de ce qui était productif ou utile, des fois où il aurait été préférable d'arrêter. Qu'est-ce qui vous a poussé à continuer alors que vous auriez dû arrêter ?

Cet exercice ne consiste pas à ressasser les erreurs du passé : il s'agit de reconnaître qu'il n'existe pas de règle absolue pour déterminer le bon moment pour arrêter quelque chose. Apprenez à évaluer objectivement les avantages par rapport aux efforts fournis et concentrez votre énergie là où elle sera la plus bénéfique.

Exercice 14 : Entendre et diriger votre critique intérieur

Pendant une semaine, notez des exemples de propos négatifs de votre critique intérieur. Entendre clairement cette voix ne sera pas facile. Vous devez vraiment l'écouter attentivement. Si vous avez de l'appréhension, si vous n'avez pas confiance en vous ou si vous êtes simplement réticent à faire quelque chose, c'est peut-être parce que votre voix intérieure vous a suggéré des problèmes et un échec potentiel. Peu importe que les problèmes soient grands, petits ou simplement irritants. Essayez de dresser une liste d'au moins 10 exemples de situations où votre voix intérieure a tenté de vous bloquer ou de vous décrédibiliser.

À la fin de la semaine, ou lorsque vous avez découvert 10 exemples, arrêtez-vous et lisez-les. Y avait-il une part de vérité dans ce que votre voix intérieure disait ? Souvent, il n'y en a pas. Les choses que cette voix vous dit sont destinées à provoquer une réponse émotionnelle, et souvent elles ne résistent pas à un examen logique. Lorsque votre voix intérieure vous dit "Tu échoues toujours", par exemple, ce n'est souvent pas vrai. Si vous prenez le temps d'y réfléchir, vous pouvez trouver de nombreux exemples de situations où vous n'avez pas échoué, malgré ce que votre voix intérieure vous a suggéré. Utilisez la technique consistant à imaginer qu'un ami vous parle plutôt que votre voix intérieure, et imaginez comment vous répondriez.

Vous devriez être capable de voir que ce que votre critique intérieur dit n'est souvent ni vrai ni utile. Chaque fois que vous rejetez un message négatif de votre critique intérieur, vous évitez de potentiels dégâts à votre estime de soi et à votre confiance en vous. Si vous pouvez continuer à reconnaître et à rejeter ces messages négatifs, alors, avec le temps, votre voix intérieure changera, et vous la trouverez plus solidaire et plus utile.

Exercice 15 : Identifier un comportement que vous voulez changer

Cet exercice est similaire à l'exercice 11, mais il est différent dans la mesure où vous allez réellement confirmer votre capacité à recâbler votre propre cerveau. Asseyez-vous et réfléchissez à un aspect de votre comportement que vous aimeriez changer pour renforcer votre résistance mentale. Cela n'a pas besoin d'être énorme. Vous aimeriez peut-être garder votre maison en ordre ou faire votre lit en vous levant le matin. Vous aimeriez peut-être ne pas laisser la vaisselle sale dans l'évier, vous lever un peu plus tôt pour ne pas vous précipiter au travail, ou ne pas manger un paquet de chips au déjeuner tous les jours.

Maintenant, réfléchissez à ce que vous devez faire pour changer ce comportement. Dans la plupart des cas, c'est assez évident. Vous savez ce que vous devriez faire. Le problème est généralement de ne pas trouver la volonté de le faire. Engagez-vous à adopter ce nouveau comportement et à le maintenir pendant au moins un mois.

C'est tout ce que vous avez à faire. Pour changer de comportement, il suffit de s'obliger à faire quelque chose de nouveau jusqu'à ce que cela devienne une habitude. Cela semble excessivement simple, mais cela fonctionne vraiment et s'appuie sur des développements relativement récents en psychologie et en neurobiologie. Vous pouvez vraiment entraîner votre cerveau à fonctionner de la manière que vous souhaitez. Si vous voyez que cette approche fonctionne sur un aspect de votre vie, vous gagnerez en confiance pour l'étendre à tout ce que vous faites.

Conclusion

La ténacité mentale est un terme souvent utilisé, mais peu compris. Beaucoup de gens pensent que cela signifie être égoïste, sans émotion ou même sans peur. En réalité, cela ne signifie rien de tout cela, comme vous le comprenez maintenant clairement. La ténacité mentale n'est pas une aptitude unique, mais plutôt une approche qui peut vous permettre de surmonter les pires surprises que la vie peut vous réserver. Elle vous aide également au travail, dans vos relations et même dans vos loisirs. La ténacité mentale est une condition préalable à la réussite dans tous les domaines.

Cependant, la résistance mentale est complexe et il n'existe pas de liste simple permettant d'évaluer si vous êtes résistant mentalement. Les éléments les plus importants sont :

- **Fixer des objectifs réalisables.** Vous avez besoin de motivation pour entretenir votre volonté et votre autodiscipline. Cette motivation vient du fait que vous avez des objectifs clairs que vous cherchez à atteindre. Il doit s'agir d'objectifs qui vous tiennent à cœur et qui vous soutiendront même dans les moments difficiles.

- **Prendre le contrôle.** Pour avoir le contrôle, il faut d'abord reconnaître qu'il y a des choses que l'on peut changer et d'autres que l'on ne peut pas changer, et consacrer son temps et son énergie à ces dernières. Cela signifie comprendre que vous avez le choix de ne pas céder à des émotions telles que l'apitoiement sur soi et la négativité. Cela signifie comprendre que vous pouvez choisir d'être actif et de changer les choses qui ne vous satisfont pas, ou vous pouvez être un râleur passif. Le premier choix changera votre vie. L'autre vous laissera déçu et amer.

- **Surmonter les émotions négatives.** Il y a des moments où tout le monde ressent de la colère, de la déception, de la frustration, de la jalousie ou même du désespoir. La force mentale consiste à ne pas laisser ces émotions négatives dominer. Cela signifie faire un effort conscient pour augmenter l'influence des émotions positives comme la compassion, l'espoir et la joie. Cela signifie rester optimiste malgré les revers et tirer des leçons du passé sans se laisser contrôler par lui. Vous ne pouvez pas être mentalement fort sans apprendre la pensée positive.

- **Savoir que la maîtrise prend du temps.** Si vous voulez devenir compétent dans quelque chose, vous devez le répéter jusqu'à ce que vous deveniez compétent. Il n'y a pas de raccourci et la répétition implique généralement l'ennui. Vous devez vous habituer à ce fait et accepter que les désagréments et l'irritation à court terme soient des expériences inévitables sur la voie de la réussite à long terme.

- **Être prêt à prendre des risques.** Si vous voulez être sûr de ne jamais échouer, il n'y a qu'un seul moyen sûr : ne jamais essayer. La ténacité mentale, c'est être prêt à risquer l'échec parce que vous reconnaissez que c'est nécessaire pour vous rapprocher du succès.

- **Gérer efficacement les revers.** Pour surmonter les revers, il faut apprendre à gérer la peur et les problèmes. Cela implique également de voir les opportunités d'apprentissage même dans l'échec. Il faut aussi faire preuve de résilience et de persévérance, tout en acceptant qu'il puisse arriver un moment où abandonner est la meilleure solution.

- **Être désintéressé.** La force mentale, c'est savoir ce que l'on veut et travailler pour atteindre cet objectif. Ce dévouement n'est pas synonyme d'égoïsme. Il est toujours important de travailler pour soutenir et faire progresser les autres. Les personnes les plus performantes sont issues des équipes les plus performantes.

- **Rester humble.** Peu importe ce que vous avez accompli, ne dénigrez jamais une autre personne et ne cessez jamais de croire qu'il est possible de s'améliorer. L'arrogance n'a pas sa place dans la force mentale, et elle conduit à un manque de progrès.

Si vous observez pratiquement toutes les personnes qui ont réussi dans n'importe quel domaine, vous verrez toutes ces qualités. La bonne nouvelle est que toutes ces capacités ne sont pas innées. Elles peuvent être apprises et développées.

Malheureusement, la force mentale ne garantit pas le succès dans tout ce que vous entreprenez. Cependant, un manque de force mentale vous garantira de ne pas réussir.

Si vous voulez vraiment changer votre vie, l'adoption de la force mentale est un excellent point de départ.

Si vous n'êtes pas heureux dans votre vie actuelle, vous n'avez vraiment que deux choix. Soit vous attendez que la chance apporte le changement, soit vous développez votre force mentale pour comprendre ce que vous voulez et développer les capacités dont vous avez besoin pour l'obtenir. Une seule de ces approches apportera une amélioration garantie dans votre vie.

Laquelle choisissez-vous ?

VOTRE CADEAU GRATUIT

Nous aimerions vous offrir un cadeau pour vous remercier d'avoir acheté ce livre. Vous pouvez choisir parmi tous nos autres titres publiés.

Vous pouvez obtenir un accès immédiat à tous nos livres en cliquant sur le lien ci-dessous et en vous inscrivant sur notre liste de diffusion :

https://campsite.bio/mastertoday

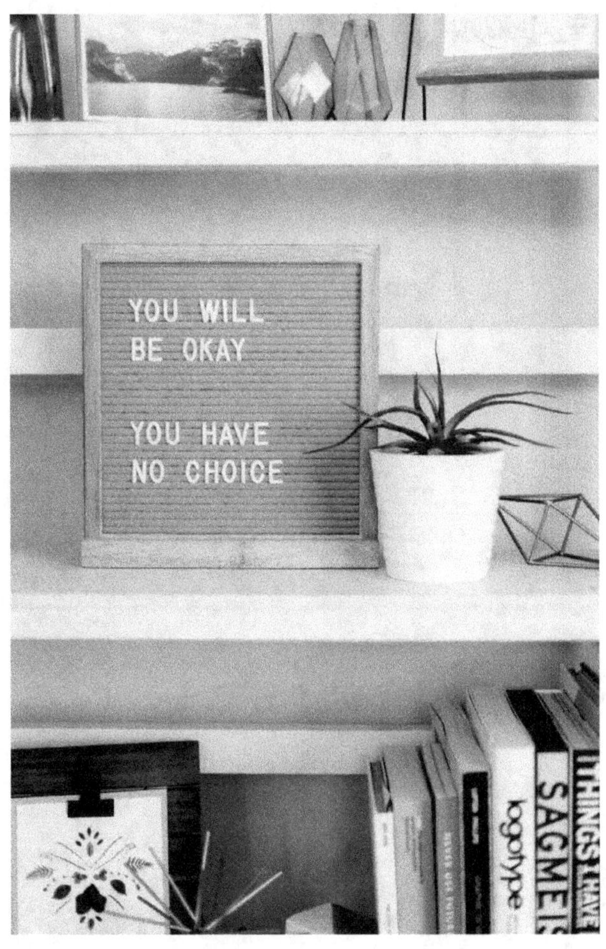
YOU WILL
BE OKAY

YOU HAVE
NO CHOICE